¡¿QUÉ ME ESTÁ PASANDO?!

SCOTT TODNEM

ILUSTRADO POR ANJAN SARKAR

¡¿QUÉ ME ESTÁ PASANDO?!

LAS RESPUESTAS SOBRE
TUS CAMBIOS FÍSICOS Y EMOCIONALES
(QUE NO QUIERES PEDIRLES A TUS PAPÁS)

UNA GUÍA PARA CHICOS

Planeta

Título original: *Growing Up Great!*

Scott Todnem

Texto © 2019 Callisto Media Inc.
Todos los derechos reservados.

Publicado por primera vez en inglés por Rockridge Press, un sello editorial de Callisto Media Inc.

Traducción: Susana Olivares Bari

Ilustraciones: Anjan Sarkar
Diseño de portada: Planeta Arte & Diseño / Anilú Zavala
Lettering de portada: David López
Ilustraciones de portada: iStock
Adaptación de interiores: María Alejandra Romero Ibañez

© 2021, Editorial Planeta Mexicana, S.A. de C.V.
Bajo el sello editorial PLANETA M.R.
Avenida Presidente Masarik núm. 111,
Piso 2, Polanco V Sección, Miguel Hidalgo
C.P. 11560, Ciudad de México
www.planetadelibros.com.mx

Primera edición en formato epub: enero de 2021
ISBN: 978-607-07-7400-3

Primera edición impresa en México: enero de 2021
ISBN: 978-607-07-7408-9

Impreso en los talleres de Reproducciones Fotomecánicas, S.A. de C.V.
Durazno No. 1, Col. Las Peritas, Xochimilco, Ciudad de México, C.P. 16010
Impreso y hecho en México / *Printed and made in Mexico*

Este libro está dedicado a mis hijos,
a mi familia y a todos los estudiantes que
confiaron en mí para ser su copiloto
en este gran viaje.

ÍNDICE

INTRODUCCIÓN

NAVEGAR EN LOS OCÉANOS DE LA VIDA PUEDE RESULTAR COMPLICADO. Amigos, familiares, la escuela y tu salud: oleada tras oleada, las responsabilidades parecen abalanzarse hacia ti mientras tratas de permanecer a flote. Ahí estás, el capitán de tu propio barco, preguntándote si puedes encontrar tu camino entre estas aguas inexploradas. Las prioridades de la vida pueden jalarte en direcciones distintas, al igual que las corrientes de un océano. Algunas son placenteras, mientras que otras son mucho más desafiantes.

Tú estás al timón, navegando entre tus tareas de la escuela y tus pasatiempos, entre las labores del hogar y tu vida social, y todo esto ante la inminente tormenta física y emocional de –¡OH, NO!– la pubertad.

Bueno, bueno, no nos dejemos llevar por nuestras emociones. La vida no se parece mucho al tráiler de una película. No hay una voz profunda que narre la pubertad y diga: «En un mundo que está cambiando constantemente, un chico debe encontrar su camino a través del océano de la adolescencia, sobre las olas de la pubertad, para finalmente llegar a... LA ADULTEZ». Sería de lo más raro, ¿no? De hecho, quizá sería bastante genial, pero bueno, regresemos a la realidad.

Lo primero que debes saber acerca de crecer, es que no necesitas entenderlo todo. Es de lo más natural que vayas aprendiéndolo en el camino. Incluso, cuando seas mayor y tengas más responsabilidades, nunca te preocupes por tenerlo todo perfectamente bajo control. Acéptalo: ningún capitán sabe cada detalle de su travesía antes de tiempo. La verdad es que la vida es un reto increíble, con todo y su infinidad de cambios. Si en cualquier momento empieza a parecerte abrumadora, puedes estar seguro de que no será para siempre. Piensa en todas las cosas excelentes que te están pasando en este preciso momento. La pubertad no va a cambiar nada de eso. Te cambiará a ti, pero no cambiará el hecho de que puedes seguir siendo sano y feliz a lo largo de tu adolescencia.

Sé todo esto a la perfección porque soy maestro en Educación de la Salud. Cada año trabajo con cientos de estudiantes que transitan entre su infancia y su adultez. En el caso de quienes están cursando primaria o secundaria, los ayudo a manejar las cosas de manera exitosa por medio de información precisa, recursos válidos y un montón de sentido del humor. (Notarás que soy algo sarcástico. Incluso es posible que te llame bro, bro). Además, siento que simplemente tengo la capacidad de escuchar y entender todo eso por lo que estás pasando. En mis clases nos divertimos un montón, porque la salud y el bienestar tienen todo que ver con los estudiantes mismos. Supongo que esa es la razón por la que estás leyendo este libro: ¡porque tiene todo que ver contigo! Muy inteligente de tu parte, bro.

Notarás que hay un asunto que se repite en cada uno de nuestros temas: conocimiento es poder. Armado con los hechos y con conocimiento de tu cuerpo, encontrarás que la pubertad no es tan mala. En realidad, es bastante emocionante porque significa que estás creciendo. Pasar de la infancia a la adultez con confianza y aprecio por ti mismo es aquello a lo que llamaremos *crecer fantástico*. Estoy seguro de que entiendes el concepto de respeto. ¿Sabías que el respeto empieza contigo mismo? El respeto por ti mismo significa que te tratas a ti mismo con orgullo y que sabes que vales. El respeto propio pasa a todas las demás partes de tu vida, como tu salud física y tus relaciones sociales. *Crecer fantástico* querrá decir que tienes respeto por ti mismo, pero también que tratas a los demás de manera respetuosa. Obviamente, no todo el mundo es igual. Incluso cuando hay semejanzas, las personas son únicas en la manera en que piensan, sienten y actúan. Pues tampoco hay cuerpos que sean idénticos. Y definitivamente no crecemos de la misma manera. Respetarte a ti mismo y a los demás mientras transitas por la vida es la marca de un verdadero adulto (ajá, incluso si ese adulto dice *bro* a cada rato).

Mientras platicamos algunos temas difíciles, es posible que te des cuenta de que tienes todavía más preguntas. Espero que este libro te permita abrir las líneas de comunicación con tus papás o tutores. Cuidado con simplemente buscar cosas en internet. Probablemente ya sabes cómo funciona todo eso: pueden aparecer sitios que te son difíciles de comprender, imágenes o videos que no estás del todo listo para ver o, peor tantito, puedes obtener información que es simplemente incorrecta. Más adelante, te ofreceré algunos sitios web que pueden ayudarte para que no te pierdas entre la confusión de lo que conocemos como la Red Informática Mundial. En lugar de eso, después de que leas estos capítulos, busca a algún adulto en el que confíes, así como a tu médico, para conseguir la información adicional que necesitas. Después de todo, los adultos no son más que chavos que ya crecieron (es posible que algunos de nosotros parezcamos más viejos o más altos, pero seguimos siendo chavos por dentro; aunque no quisiera nombrar a nadie en específico, claro está).

El libro está organizado de modo que primero abarquemos lo básico, como lo que significa la pubertad y el crecimiento que se debe esperar durante esa etapa. Después, examinaremos algunos detalles sobre la manera en que tiende a desarrollarse el cuerpo de los chavos. Empezaremos con cosas pequeñas, destacando los primeros cambios que quizá se den en estatura, peso y crecimiento de vello, y después pasaremos a temas más complejos como cambios de ánimo, dieta, ejercicio y cambios genitales. Oye, ¿qué está pasando allá abajo? Discutiremos cada uno de estos cambios en términos de salud y de bienestar en general, centrándonos en una adecuada higiene, en el manejo de tus emociones y en la protección de tu privacidad. ¡Ufff! Es mucho lo que tenemos que abarcar, pero te lo mereces. Además, el glosario al final del libro te va a ayudar con cualquier palabra o frase que quizá te sea nueva.

A lo largo de todo esto, quiero que estés seguro de una cosa: tú puedes. Como tu copiloto virtual, jamás dejaré que te dirijas por una ruta equivocada. Con el tiempo, y la ayuda de este libro, te irá de maravilla. Considéralo una guía, una carta de navegación para *crecer fantástico*. ¿Todo listo, mi capitán? Subamos a bordo, porque este es un viaje que vale la pena hacer.

ESTOS TIEMPOS DE CAMBIO

A medida que creces es posible que empieces a notar algunos cambios en ti mismo. O tal vez ya sepas que se acercan muchos cambios y no estés del todo seguro de qué debes esperar. Quizás alguien más en tu vida ya notó que estás cambiando y decidieron comprarte este libro. Bravo por ellos: ¡quiere decir que les importas! Cualquiera que sea el caso, estás aquí para obtener algo de información y te mereces la absoluta verdad. Seamos honestos: tus amigos no lo saben todo, aunque finjan que así es. En este capítulo, discutiremos algunos aspectos básicos de la pubertad, sin suponer de antemano lo que sabes y lo que no. Ah, por cierto, más vale que te vayas preparando: habrá varias palabras aquí y en el resto del libro que harán que te rías. No hay problema, pero siempre usaremos las palabras correctas y los términos apropiados para que cuentes con toda la información. Recuerda: conocimiento es poder. Entremos de lleno a los aspectos básicos de estos tiempos de cambio.

PUBERTAD Y ADOLESCENCIA

Todos pasamos por la pubertad, pero no es común que la gente hable de ello. Por una u otra razón, la gente tiende a no querer discutir los cambios por los que pasan sus cuerpos. Tal vez sea porque, en muchos sentidos, la pubertad es una experiencia personal y privada. O quizá se deba a que las personas temen decir algo incorrecto o parecer tontas, y a nadie le gusta sentirse tonto. En algunos casos, es posible que haya personas que piensen que hablar de la pubertad es incorrecto, inapropiado o sucio. Pues no hay nada más alejado de la verdad. La pubertad no es incorrecta ni sucia, ni extraña. Quizá te dé un poco de pena, pero hablar de las cosas de manera abierta y franca puede ayudarte. (Justo como lo estamos haciendo en este libro. ¿No es genial?) Sin la pubertad, no podríamos crecer ni podríamos reproducirnos. La reproducción es el proceso mediante el cual los organismos vivos generan crías, o más copias de sí mismos. Dicho de manera muy sencilla, sin la reproducción, ¡no habría seres humanos! Como puedes ver, la pubertad es una parte natural y necesaria de la vida.

¿Qué es la pubertad?

La pubertad es el momento de la vida en el que una persona se transforma de niño en adulto. Es un periodo de crecimiento físico en el que el cuerpo alcanza la madurez sexual y adquiere la capacidad para reproducirse. Lo que eso significa, en el caso de los chavos, es que empiezan a verse y a oírse más como hombres. La razón para esto es tan sencilla como compleja. Por una parte, este proceso significa simplemente que el cerebro está haciendo su trabajo. Le está diciendo al resto del cuerpo que produzca químicos específicos que se llaman *hormonas* para que pueda crecer y madurar. Una de estas hormonas en específico es la testosterona, que es la que ocasiona la mayoría de los cambios que experimentan los chicos durante la pubertad. La testosterona se produce en los testículos y es responsable de algunas características del cuerpo tales como el vello corporal, el crecimiento de los músculos y la profundización de la voz.

Evidentemente, la explicación es más compleja, porque la testosterona no es lo único que participa en todo esto. Las hormonas del cuerpo necesitan un equilibrio específico para producir el efecto correcto. La ciencia de cómo funciona el cuerpo es increíble y probablemente estudies más acerca de ello en la escuela, en especial cuando empieces a tomar clases de nivel más avanzado, como biología. Por ahora, es más que suficiente entender que tu cerebro y tu cuerpo están haciendo su trabajo. Así que quita esa mirada de preocupación, ¡yo no te voy a pedir que hagas un reporte de lectura de todo esto!

¿Qué es la adolescencia?

La adolescencia es el periodo entre el principio de la pubertad y la adultez. A veces, los términos pubertad y adolescencia van de la mano, pero por lo general, el término adolescencia se refiere a algo más que el crecimiento físico; también incluye el desarrollo social y emocional. La adolescencia es una transición en la que tu cuerpo se prepara para el resto de tu vida. La pubertad forma parte de esa preparación. Verás que ambos términos aparecerán con frecuencia a medida que sigas leyendo.

Conoce tus genes

Una rápida lección de ciencias naturales. Un factor
importante en los cambios que experimenta un chavo al
atravesar por la pubertad es su genética. La genética,
o los genes, son las características que se heredan de
los padres biológicos. Un término similar que quizá
ya conozcas es *herencia*: la transmisión de rasgos de
padres a hijos. Tus genes incluyen el código que se
escribió ¡para producirte a ti! Heredamos nuestros
genes de cada uno de nuestros dos padres y estos genes
se unen de una manera única que le da al cuerpo un
mapa para crecer y seguir existiendo. También llegarás
a escuchar términos como *cromosomas* y *ADN* (ácido
desoxirribonucleico). Éstos describen la composición

microscópica de cada persona. De nuevo, todo esto puede sonar algo complicado, pero vale la pena mencionarlo. Los genes se encuentran dentro de los cromosomas, que contienen ADN. Todo esto significa que los genes son las instrucciones que te conforman a ti. ¿Y esas instrucciones? Antes de ti, jamás existieron en toda la historia del planeta. Tú eres completa y totalmente único. Siéntete orgulloso de tus genes porque nadie jamás ha sido tú, ni jamás volverá a serlo.

De ahora en adelante, el término «padres» también incluirá a tus tutores, ya que cada familia puede tener características ligeramente diferentes. A menos que me esté refiriendo específicamente a tus padres biológicos, la palabra «padres» incluirá a cualquier persona que esté a cargo de tu crianza.

¿Qué debo esperar?

Debes esperar que tus genes funcionen de manera parecida a los de tus padres biológicos. Eso significa que crecerás para verte, e incluso actuar, de manera algo parecida a tu madre y padre biológicos. Sin embargo, a causa de tu ambiente —el entorno que te rodea mientras creces— te convertirás en una persona distinta a tus padres. Eres mitad *naturaleza* y mitad *crianza*. Nuestra naturaleza es la manera en que nacemos. Se refiere a la genética, ¿la recuerdas? En contraste, la crianza de un niño en crecimiento se refiere a la manera en que lo cuidan las personas que están a su cargo. Criamos a los niños pequeños a través del cuidado de su salud física (alimento, techo y seguridad), de su salud mental (emociones, inteligencia y lecciones de vida) y de su salud social (familia, amigos e incluso grupos más grandes de la sociedad).

Nacemos con algunos de los elementos fundamentales para crecer, pero eso no significa que tu futuro esté determinado. El código genético que le indica a tu cuerpo cómo crecer es solo un esquema general. No todo lo relacionado contigo está determinado. Tus elecciones y conducta influyen para mantenerte saludable a lo largo de tu adolescencia. E incluso en esos casos puede haber algunas variaciones en la forma en que te desarrolles. Piensa en ti mismo como si fueras la semilla de una planta. Quizá haya tierra fértil y un ambiente seguro, pero la lluvia y el sol también representan un papel que definitivamente variará dependiendo del día. De la misma manera, tu cuerpo tiene un plan ya establecido en tus genes, pero el momento en que empezarás la pubertad y los cambios que verás variará entre compañeros, hermanos y padres.

En términos sencillos, puedes esperar ver cambios en tu desarrollo físico relacionados con tu estatura y tu peso. Verás que empieza a crecerte vello en las axilas, sobre tu rostro y en tu área púbica. Verás cambios en el tamaño de los órganos reproductivos que se conocen como el pene y los testículos. Verás el desarrollo de tus músculos. Puede que tu voz se haga más profunda y tengas acné. Seguramente experimentarás cambios en tu estado de ánimo, en tus niveles de energía y quizá incluso en la atracción que sientas hacia otras personas. Te sentirás muy adulto en algunos aspectos y todavía como un niño en otros. En general, estos cambios pueden empezar en cualquier momento desde los nueve y hasta los catorce años de edad. Los cambios de la pubertad pueden terminar desde los dieciséis años de edad, hasta posiblemente el inicio de los veinte. Pero lo mejor es no esperar nada específico a una edad determinada, porque diferentes chavos tienen diferentes niveles de crecimiento, y en distinto orden si se comparan con sus compañeros. Todos estos cambios se discutirán a detalle en los siguientes capítulos.

¿Qué es normal?

Una pregunta muy común para cualquiera que está atravesando la pubertad es «¿Soy normal?». Es una preocupación válida y, además, una prueba de que todos tenemos una necesidad básica de pertenecer. Queremos saber que todo lo que estamos experimentando está bien. No nos gusta sentirnos solos, en especial mientras atravesamos por los cambios corporales de la pubertad. En primer lugar, prácticamente todo lo que suceda durante la pubertad es normal. Los chavos siempre cambian a su propio ritmo y cualquier diferencia está más que permitida. Experimentarán altas y bajas durante el proceso de la pubertad. Esto incluye estirones, más vello corporal y el desarrollo reproductivo. También incluye pausas en el crecimiento, pequeños descansos de los cambios que estás observando. Todas estas son salidas y entradas en el océano de la adolescencia, que hacen que cada chavo sea normal.

También es normal preguntarte si das el ancho en comparación con otros chavos. Es natural que te hagas preguntas acerca de tu estatura, vello corporal, el tamaño de tu pene, el tono de tu voz y tu musculatura. No tiene nada de malo que te preguntes si tu cuerpo está creciendo como debe. Pero compararte con otros es terreno peligroso, de modo que cuídate de hacerlo. Hablaremos más acerca de algunas cifras específicas en el capítulo 2 (en la página 34) y más adelante, pero también pon atención a las estadísticas que encontrarás en diferentes apartados a lo largo del libro. Las estadísticas son números, amigo, pero eso seguramente ya lo sabías.

LO QUE NOS DICEN LOS NÚMEROS

Hay alrededor de 1500 millones de adolescentes, entre los diez y dieciocho años de edad, en todo el mundo. ¡Es un montón de gente que está pasando por la pubertad! Los hombres representan alrededor de la mitad de esa cifra, lo que significa que más de 300 millones de chicos están iniciando el proceso de *crecer fantástico*. Definitivamente no estás solo. Los chicos tienden a experimentar el inicio de la pubertad entre los nueve y los catorce años de edad. La mayoría habrá terminado la pubertad entre los dieciséis y los dieciocho años de edad. Pero ten en mente que cada quien crece a su propio ritmo. Los cambios pueden continuar incluso después de los veinte años de edad.

CRECIMIENTO Y CAMBIO

Durante la pubertad, el cuerpo puede crecer a una velocidad alarmante. Incluso con variaciones en el ritmo, suele ser una época en que el crecimiento se da de manera rápida y furiosa. El único momento en que creciste más rápidamente fue cuando eras un bebé y no hace falta decir que ahora eres muy distinto (¿recuerdas cuando usabas pañales?). También puedes estar seguro de que llegarás al otro extremo de la pubertad como una persona completamente diferente.

Pero el cambio es bueno, ¿recuerdas? Es importante que sepas a qué estar atento durante la adolescencia. Marinero, mantenga la vista hacia adelante, porque las primeras olas de la pubertad están a punto de estrellarse contra nuestra embarcación.

Las primeras señales de la pubertad

Lo más probable es que el inicio de la pubertad llegue como una colección de varios cambios pequeños que sucederán al mismo tiempo. También se presentarán pequeños hitos a lo largo de la adolescencia. Para la mayoría de los chavos, las primeras señales de la pubertad son bastante insignificantes: los hombros empiezan a verse más definidos, la voz se hace ligeramente más profunda, ha aumentado la estatura a lo largo de los últimos seis meses. Es posible que los testículos estén ligeramente más grandes y que la piel de los órganos reproductivos se oscurezca. Quizá veas vello recién crecido a cada lado del pubis o justo arriba de tu pene. Aunque todo esto señala el inicio de la pubertad, no seguirá el mismo orden en cada persona.

Una manera simple en la que el cuerpo se prepara para la adultez es a través del aumento de estatura y peso. La testosterona, la hormona principal que actúa durante la pubertad, hará que el tamaño del cuerpo de los chavos aumente. Con el aumento de estatura viene un aumento de peso, como veremos en el siguiente capítulo. Al principio, esto puede notarse más en manos y pies. Es posible que, de entrada, estas extremidades crezcan más que otras partes del cuerpo, haciendo que algunos chavos se sientan algo torpes. Empezará a desarrollarse tu masa muscular: tus hombros, piernas y pecho aumentarán de tamaño y se definirán más. Es posible que notes algunos dolores de crecimiento en tus articulaciones o músculos, quiere decir que las cosas están trabajando de manera interna para crear una versión más grande de ti.

Otras señales de que ya empezó la pubertad serán los cambios en tu voz. Durante esta época, prepárate para que se quiebre tu voz. A tus familiares les fascinará hacer bromas al respecto. ¿Y cuál es el problema? Lo harán de manera cariñosa. También es posible que otras personas se den cuenta de ello durante eventos escolares o sociales. (¿Y qué puedes responderles? «Sí, me salen tantos gallos que parezco gallinero». Y despídete con una sonrisa tonta.)

Tu vello corporal empezará a verse y sentirse más áspero. Es posible que el vello que tengas sobre los brazos o las piernas se oscurezca o se note más. Al principio, el vello de tus axilas será muy fino, pero empezará a engrosarse con el tiempo. Empezarán a salir pequeños vellos púbicos justo arriba del pene y debajo de tu ombligo. Este vello puede empezar a crecer hacia arriba con rapidez y a extenderse por el estómago, la parte interna de tus piernas y sobre tus pezones. Y, hablando de los pezones, es posible que empieces a experimentar una mayor sensibilidad en ellos o que se presente una ligera inflamación ahí o en el tejido mamario de tu pecho.

Es posible que tu piel empiece a sentirse más aceitosa o grasosa. Empezarás a sudar más, en especial en el área de las axilas y de la entrepierna (lo que vienen siendo las ingles). Con los cambios que provocan las hormonas en cuanto al sudor y el crecimiento del vello, será importante que mantengas una buena higiene. Lavar tu rostro, axilas, pene y testículos cuidadosamente cada mañana y noche ayudará a mantener el acné y los malos olores a un nivel mínimo. El acné, incluyendo las espinillas o «granos», es inevitable: es algo que va a suceder. El olor corporal será más común debido al aumento del sudor y las bacterias. Puedes mejorar las cosas manteniéndote limpio, de esto hablaremos a detalle más adelante.

Al inicio de la pubertad, tus genitales u órganos reproductivos externos aumentarán ligeramente de tamaño. Los primeros serán los testículos. En realidad no tienen mucho parecido con las «pelotas» o las «bolas»; notarás que son más bien ovalados (es más lógico que también les digan «huevos») y que se volverán todavía más sensibles una vez que empieza la pubertad. (Difícil de creer, ¿verdad? ¡Mantenlos a salvo!). El escroto es la bolsa de piel que contiene los testículos. También se hará más grande y grueso, y es posible que toda la zona adquiera un tono de piel más oscuro. A medida que los testículos y el escroto se hagan más grandes, también lo hará el pene, y es posible que empieces a experimentar erecciones. El estado «suave» y relajado se conoce como pene *flácido*. Un pene estimulado se conoce como *erecto*. Aunque uno de los términos más comunes es decir que a alguien «se le paró», utilizaremos el término erección. Por cierto, ¡no es cierto que los seres humanos tengan un hueso en el pene! Una erección sucede cuando el pene se rellena de sangre, se pone rígido, se levanta hacia arriba y se aleja del cuerpo. Esto es normal y puede suceder sin razón alguna, aparte del hecho de que las hormonas están ayudando al cuerpo a crecer.

En los siguientes capítulos discutiremos todos estos cambios y más.

Cronología de la pubertad

Después de la primera oleada de la pubertad, es posible que te preguntes qué más va a suceder. Es frecuente que los chavos se sientan preparados para algo más, en especial si se sienten más fuertes o si les gusta cómo empiezan a verse. Es como si se tratara de algún postre: si un poco es bueno, ¡más será mejor! Pero ten cuidado, amigo. Recuerda que tu cuerpo está trabajando con sus propias instrucciones, de modo que los genes que tienes dentro tendrán la última palabra. No puedes acelerar las cosas y, en realidad, tampoco puedes detenerlas.
Lo único que puedes hacer es llevártela con calma.

A continuación, verás una cronología general, pero ten en cuenta que cada persona tiene una cronología específica en su interior. Esta es una guía que presenta sucesos que pueden variar.

9 A 12 AÑOS DE EDAD: Aumentan los niveles de hormonas. Cambia el tamaño del cuerpo, se desarrollan los músculos. Aumentan la estatura y el peso. Empieza a cambiar la voz. El vello corporal se engrosa.

10 A 14 AÑOS DE EDAD: El tamaño del cuerpo sigue aumentando. Se vuelve más prominente el vello axilar y púbico. Aumentan el sudor y el olor corporal. La higiene regular se vuelve necesaria. Primero crecen los testículos y el escroto; después crece el pene. Las erecciones se vuelven más regulares. Es posible que los pezones aumenten de tamaño y se vuelvan más sensibles.

11 A 16 AÑOS DE EDAD: Aumentan la estatura y el tamaño del cuerpo. El vello púbico se oscurece y se extiende. El vello de las axilas se vuelve más abundante. Las necesidades de higiene persisten a lo largo de la pubertad y en la adultez. Se empieza a presentar vello sobre el pecho y el rostro, en especial sobre el labio superior y las patillas. Aumenta la masa muscular. La voz empieza a cambiar intensamente y a hacerse más profunda. Los testículos y el pene siguen creciendo. Pueden presentarse erecciones y sueños húmedos.

12 A 17 AÑOS DE EDAD: Los genitales siguen creciendo y se oscurece el color de su piel. Los sueños húmedos pueden presentarse con mayor regularidad. Los rasgos faciales y la masa muscular adquieren un aspecto más maduro. El vello facial y corporal es notable y puede necesitar cuidados. Se hace más lento el aumento de estatura. La piel sigue volviéndose más aceitosa y puede haber presencia de acné en el rostro y otras áreas del cuerpo.

16 A 18 Y MÁS AÑOS DE EDAD: Los adolescentes alcanzan su estatura adulta total. El vello púbico, el vello facial y los genitales se ven como los de un adulto. El cambio de voz finaliza. Los pezones ya no están tan engrosados, ni tan sensibles.

Las necesidades de higiene y cuidado son las de un adulto.

La velocidad de los cambios

Como ya leíste en diversas ocasiones dentro de este capítulo, los cambios son diferentes para todos. No hay manera de predecir de manera perfecta la cronología de cambios de la pubertad para cada chavo, pero no importa, no es necesario. Una idea general de lo que está por venir es más que suficiente. (Además, ¿cuándo has seguido todas las reglas?) Te sirve para saber

que todo es normal, incluyendo las variaciones en la velocidad con que experimentes estos cambios. Lo que esté pasándole a un amigo, a un vecino o a algún primo o hermano, podría no ser igual en tu caso. Saber que tu cuerpo está haciendo exactamente lo que necesita hacer te ayuda a respetarte a ti mismo.

LOS CAMBIOS QUE AFECTAN TU CUERPO

El cambio es bueno. Recuérdalo siempre. No te gustaría ser igual hoy a como eras cuando tenías cinco años de edad. Ni tampoco seguir teniendo la misma edad que tienes ahora para siempre. Por suerte, tu cuerpo está haciendo su trabajo, de modo que en realidad no tienes alternativa: estás creciendo y desarrollándote como debes. Pero te dará gusto saber que sí tienes algunas opciones. La vida será un equilibrio de ambas situaciones. Algunas cosas las podrás controlar y habrá otras de las que tu cuerpo se ocupará por sí solo. Si sientes que no puedes adaptarte a estos cambios y que tu cuerpo está creciendo demasiado rápido o demasiado lento, es muy importante que recuerdes esto: lo que es «normal» depende de cada persona. Las diferencias son naturales. Habrá chavos delgados y altos, y otros bajos y algo gorditos, cosa que no tiene nada de malo. A continuación está lo que debes esperar a medida que empieza a cambiar el tamaño de tu cuerpo.

ESTATURA Y PESO

Todo el mundo nace con un tipo corporal particular. Los seres humanos, al igual que todas las demás especies animales, son únicos y diferentes entre sí. Incluso, a pesar de tener los mismos padres, hermanos y hermanas, pueden verse y comportarse de manera diferente. (¿Tienes hermanos o hermanas insoportables? Te tengo una mala noticia, bro: tú también le pareces insoportable a ellos.) Los rasgos faciales, la personalidad y las características físicas como la estatura y el peso pueden cambiar. Los bebitos más pequeños pueden crecer para convertirse en los adultos más altos. Los niños que parecen enormes pueden adelgazar para cuando llegan a la adolescencia. Todo dependerá de la genética, ¿recuerdas esa palabra del capítulo 1? Tu código genético plantará las semillas de tu crecimiento, pero lo que tú hagas para cuidar de ti mismo también tendrá mucho que ver. Tus hábitos alimenticios y de ejercicio son importantes. También lo son los hábitos relacionados con tu tiempo de pantalla: con tecnologías como la tele, el internet y los videojuegos. Controlar todas estas opciones ayuda a los chavos a mantenerse sanos y en forma a lo largo de la pubertad.

Estirones

¿Alguna vez llevaste un registro de tu estatura y peso? ¿Tus papás lo apuntan en una libreta, usan marcas en la pared o algo por el estilo? Además de las visitas de rutina al médico para registrar los cambios de estatura y peso, es común que las familias lleven un registro del crecimiento de sus hijos. Tus familiares te repetirán lo mucho que creciste desde la última vez que te vieron. En primer lugar, ¡es cierto! Estás creciendo, incluso si tú no puedes verlo en el día a día. Simplemente tendrás que seguirle la corriente al pariente que te diga, «¡Pero qué barbaridad! ¡Cómo has crecido!». Incluso es posible que bromeen contigo y que te digan que tus pantalones ya no te quedan o que creciste casi medio metro de un día para otro. (Aquí podrías responder algo como: «¡Es que soy una persona de altura!».) Pero trata de no tomártelo muy a pecho. Están notando los cambios por los que estás atravesando y eso es bueno, ¡también es emocionante para ellos!

Recuerda que la adolescencia es el tiempo entre la pubertad y la adultez. Es una transición en la que tu cuerpo se está preparando para el resto de tu vida. Habrá momentos en que ese proceso puede acelerarse o detenerse. Esto es algo que te repetiremos hasta el cansancio: cada persona crece a su propio ritmo. En general, los chavos pueden esperar que los cambios de la pubertad empiecen entre los nueve y los catorce años de edad. Durante esa época, es posible que haya estirones en los que su estatura aumente en cuestión de meses. También puede haber retrasos en el crecimiento en los que no se note gran diferencia durante un buen tiempo. Debes estar preparado para un poco de ambas cosas. Esto varía a causa de las hormonas, de las que hablamos en el primer capítulo. Una visita al médico podrá confirmar si un chavo no creció mucho desde su revisión pasada. En otros casos, es posible que un niño relativamente joven sea mucho más alto que la mayoría de sus compañeros y tenga que cambiar de ropa más rápido de lo que podría imaginarse. Los chavos pueden crecer hasta 20 centímetros o tan solo 2 centímetros entre sus visitas anuales al médico. No te preocupes. Si hay cualquier motivo por el que preocuparse, el médico te hablará de las acciones que puedan tomarse. En caso contrario, tu cuerpo seguirá trabajando a su propio ritmo. Puedes estar sano con cualquier estatura.

Cuando visites a tu médico, es posible que encuentre que hay algunas cosas pasando con tus músculos, tus articulaciones o tu columna vertebral. Si tienes una elevada tasa de crecimiento, habrá veces en que sientas dolores corporales, que solemos llamar *dolores de crecimiento*. Por lo general, no son nada de qué preocuparse; no son más que una ligera inconveniencia. Es natural que estos dolores aparezcan y desaparezcan a medida que tus músculos tratan de seguirle el ritmo a tus huesos, que suelen crecer más rápido. Por lo general, estos dolores de crecimiento se concentran en tus músculos, no en tus articulaciones, así que consulta con tu médico si tienes molestias en tus articulaciones. Puedes experimentar cierta incomodidad en la parte de adelante y atrás de los muslos, en las pantorrillas, en la parte inferior de tus piernas y en la parte de atrás de las rodillas. No hay gran cosa de qué preocuparse; tan solo son un ligero dolor de cabeza (¿entendiste la broma?).

Es posible que tu doctor revise tu columna para determinar si tus vértebras, los pequeños huesos que recorren la totalidad de tu espalda, están alineadas de manera correcta. Si hay una curvatura en forma de «S» o de «C», quizá te diagnostiquen escoliosis, un padecimiento médico común en que la columna de la persona tiene una curvatura lateralizada. Si este es el caso, hay un montón de tratamientos que pueden ayudar a corregir la deformación.

DATOS DELIRANTES

El hombre más alto de toda la historia registrada fue Robert Wadlow (1918-1940), que medía 2.72 metros de estatura y pesaba 222.26 kilogramos. El hombre más bajo de la historia fue Chandra Bahadur Dangi (1939–2015), quien medía 54 centímetros y pesaba 14.51 kilogramos. Esto comprueba las enormes diferencias entre los tipos de cuerpo de los niños que se transforman en hombres.

Cambios en forma y peso

De la misma manera en que tu estatura dependerá de tus genes, también lo hará buena parte de tu peso corporal. Subir de peso es algo bueno. Tu estatura está cambiando, de modo que parte de ese peso se deberá a los huesos y a la masa de tus tejidos; todos tus órganos se están haciendo más grandes y también está aumentando la longitud de tus extremidades. Una buena parte de tu peso corresponderá a tu musculatura. Notarás que tus hombros son más anchos y que tienes más músculos en el pecho y en los brazos. El cuerpo de un chavo puede tener un tono muscular de aspecto más delgado, mayor volumen y definición, o más grasa que cubra los músculos en crecimiento. Cualquiera que sea el caso, hay una enorme variedad de cuerpos «normales».

Parte del peso que aumentarás durante la pubertad se deberá a la grasa corporal. La grasa tiene una mala reputación a causa de las consecuencias negativas de salud que puede provocar un exceso de la misma. Sin embargo, la cantidad adecuada de grasa corporal (que también se conoce como *tejido adiposo*) ayuda a almacenar energía, a regular la temperatura corporal, a absorber vitaminas y a tener una piel sana. Parte de la grasa, que se conoce como *grasa subcutánea*, se encuentra justo por debajo de la piel y se utiliza para brindar calor y amortiguamiento. Otro tipo de grasa, la que se llama *visceral*, se encuentra alrededor de los órganos y les brinda protección. Durante la pubertad, algunos chavos perderán lo que se conoce como la *grasa de bebé* que tuvieron durante toda su infancia, mientras que otros quizá noten un aumento en el tejido adiposo. Algo que debes saber es que el tejido muscular y el tejido adiposo son diferentes. Uno no puede convertirse en el otro. Tu cuerpo tiene cantidades específicas de ambos. El peso que ves en la báscula no determina la composición de tu cuerpo en términos de masa muscular y masa adiposa o grasa, así que debes darte cuenta de que solo sirve como guía. Los médicos utilizan el índice de masa corporal (IMC) para comparar la estatura y peso que corresponden a tu edad. Es posible que tu doctor considere que tu IMC sea sano incluso si está por encima o por debajo del promedio, y te avisará a ti y a tus padres si hay cualquier problema relacionado con tu peso.

Las decisiones saludables pueden tener un impacto sobre tu estatura y tu peso. Tu condición física a lo largo de la infancia tendrá un impacto sobre tu adolescencia que, a su vez, tendrá un impacto sobre tu adultez. Los niños sanos tienden a ser adolescentes sanos. La manera en que comes, te ejercitas y duermes ayudará a tu cuerpo a hacer lo que necesita. Comer de manera sana permite que tu cerebro administre las hormonas y la memoria. La actividad física permite que tus músculos trabajen y crezcan. Dormir le da a tu mente y a tu cuerpo el tiempo necesario para recuperarse de todos los cambios por los que están

atravesando. En comparación a cuando eras un bebé, la pubertad es la segunda fase más importante de crecimiento de toda tu vida. Junto con ese crecimiento, aumentan tus necesidades de energía. Esto significa que quizá tengas hambre más seguido y que necesites comer más comida a lo largo de la semana. Tu cuerpo utiliza las calorías, la energía que se encuentra dentro de los alimentos, para impulsar los aumentos en tu estatura y peso. Sí, todos sabemos que esas papitas y refrescos saben increíble, pero haz tu mayor esfuerzo por comer cosas sanas en lugar de entrarle siempre a las botanas. Y seguro que tu cerebro disfrutará del reto que representa tu videojuego favorito, pero no a expensas del ejercicio o del sueño. Cuida de estas necesidades esenciales y mantén un equilibrio en tus tiempos de pantalla. ¡Tu crecimiento depende de ello!

Hablaremos más acerca de nutrición, ejercicio y sueño en el capítulo 5 (página 106). Si tienes algunas preguntas específicas relacionadas con tu estatura y peso, siempre recuerda que puedes hablar con tu médico.

ATRÉVETE A NO COMPARAR

Es natural fijarse en los demás. Es posible que la gente note a los chavos que son más altos, más fuertes o mejores atletas. Es común ver que en internet los programas de televisión o los anuncios pinten a los tipos musculosos como muy masculinos y adultos. Con todos los filtros fotográficos y programas de edición que existen, ten en cuenta que las personas no siempre son como en la pantalla. Pero, ¿y los deportistas profesionales? Son los mejores de todo el planeta y pasaron por los mismos cambios que tú. Recuerda que todos cambiamos a nuestro propio ritmo y que tenemos nuestras propias fortalezas, tanto físicas como mentales. Siempre puedes hablar con uno de tus padres o con tu médico acerca de tu estatura, peso y ritmo de crecimiento, pero recuerda que las comparaciones suelen ser injustas, de modo que ¡atrévete a no comparar!

MANTENTE LIMPIO

Mantener tu cuerpo limpio no es tan fácil como parecería. A primera vista, decir «¡Mantente limpio!» suena como algo en lo que ni siquiera tendrías que pensar, pero en definitiva es un poco más complicado. Necesitaremos discutir cómo tienes que cuidar tu cuerpo a medida que cambia, pero todo empieza con algunas cosas básicas. Después de todo, tu plan es mantenerte flexible y adaptarte a los cambios que vienen mientras *creces fantástico*. Y eso se refiere a *todos* los cambios, amigo. No ignores la importancia del cuidado de tu cabello, de tu piel y de un montón de partes de tu cuerpo, conforme pasas por la adolescencia.

Cuidado del cabello

Desde tu más temprana infancia sabes de la importancia de cuidar tu cabello. Seguramente, los adultos te ayudaban con eso cuando eras más pequeño, pero ahora depende de ti. Quizá jamás te gustó cómo te cortaban el pelo. O tal vez nunca te importó gran cosa. Pues ahora tu opinión al respecto tendrá mayor peso. Lo que hagas con tus hábitos de cuidado del cabello durante tu adolescencia te preparará para un resultado exitoso al paso del tiempo. Quieres tener un cabello fantástico, ¿no? Pues la salud de tu cabeza y cuero cabelludo contribuirán a que eso suceda.

En primer lugar, no todo el mundo tiene un corte de pelo único, pero sí tiene folículos capilares únicos. Un *folículo capilar* o *piloso* es la parte de tu piel en la que tu cuerpo mete toda una serie de células viejas. Esas células son las que forman cada cabello, que se abre paso al exterior a través de pequeñas aberturas, o

poros, que existen en la superficie de la piel. La forma de cada folículo piloso da lugar al estilo del cabello: es lo que contribuye a determinar si tienes el pelo lacio, ondulado, rizado o crespo. Gran parte de esto está determinado por la genética: el cabello tiene raíces profundas en nuestro árbol genealógico. (Cabello: raíces. Raíces: árbol. ¡Hasta parecemos genios con estas comparaciones y metáforas!) Nuestro tipo de cabello está conectado de cerca con nuestra herencia, un término que se refiere a nuestros antecedentes familiares. Así, las diferencias en el tipo de cabello pueden coincidir con las diferencias raciales. Por ejemplo, los folículos capilares de individuos con tonos de piel más oscuros, frecuentemente tienen una forma más alargada en comparación a los folículos que se encuentran en personas con pieles de tonalidades más pálidas. Claro que esto puede variar. El factor fundamental es la forma del folículo que se encuentra dentro de cada poro. Si el folículo es redondo, el cabello tenderá a crecer lacio. Un folículo ovalado creará cabello ondulado. Y un folículo curvado o de forma elíptica dará lugar al cabello chino o rizado. Interesante, ¿no?

Tu tipo de cabello también puede afectar qué tan grasoso es. Es posible que las personas que tengan el cabello rizado no necesiten lavárselo con tanta frecuencia como las personas que lo tienen lacio. Sin embargo, las personas con el pelo chino a menudo experimentarán irritación del cuero cabelludo y residuos de piel reseca que se conoce como caspa. De todos modos, no hay reglas rígidas en cuanto a todo esto, excepto que tu cabello será distinto, incluso, al de tus hermanos o hermanas.

El cabello puede ser delgado o grueso, corto o largo y rubio dorado, rojo intenso o negro como el carbón, cualquiera es fabuloso. La manera en que uses tu cabello creará un aspecto único que vaya con tu gran personalidad, lo que hace que el aseo y cuidado de tu cabello sean algo bastante divertido. (Solo evita cuidar tu aspecto en exceso; no querrás tardarte demasiado al arreglarte cada mañana.) Sea lo que sea que decidas, lo importante es que mantengas limpio tu pelo. Eso significa que quizá lo laves algunas veces por semana o que quizá tengas que lavarlo casi a diario. Tal vez te sirva usar acondicionador o tal vez no. Alguno de tus padres te podrá recomendar hábitos de limpieza y marcas de productos con base en lo que saben de ti y de tu cabello. Cuando te estés bañando y laves tu cabello, asegúrate de que el champú llegue hasta tu cuero cabelludo y masajéalo un poco con las yemas de tus dedos. Esto ayudará a mantener los poros limpios y a regenerar la piel de tu cuero cabelludo.

Después de bañarse, algunos chavos prefieren dejar su cabello seco y natural, mientras que otros prefieren usar productos para el cabello. De nuevo, esto podrá deberse al tipo de cabello que tengas, pero también podría ser porque quieras usar un estilo particular. Los aceites, geles, cremas y pastas son algunos productos para el cuidado del pelo que quizá veas por ahí. Los resultados de cada uno serán ligeramente diferentes y hay algunos que irán mejor con tu tipo particular de pelo, de modo que considera experimentar con ellos para encontrar el que sea mejor para ti.

La pubertad también es el momento en que empezará a desarrollarse el vello axilar y el vello púbico. Esto significa que el mantenimiento de tus axilas y área púbica también es importante. Es posible que veas que te brota vello axilar ralo y fino o rizado y oscuro. Algunos chavos verán que empieza a salirles vello grueso y abundante a los lados del pubis, justo por debajo de la cintura, o tendrán vello fino en la base del pene muy cerca del cuerpo. Todo esto dependerá del tipo de vello que esté determinado por tus genes. El vello corporal normalmente será del mismo color del cabello que ya tienes, como el de tus cejas o tus piernas. Pero hay veces que el vello de las axilas y el área púbica es más oscuro. Sin importar el color, tipo o cantidad que tengas, necesitas mantenerlo limpio, lavándolo en la regadera al mismo tiempo que te laves el pelo que crece sobre tu cabeza. Puedes usar champú o jabón, lo que prefieras. Esto logrará mantener al mínimo los pequeños microorganismos que se llaman *bacterias*.

Las bacterias son lo que más tiene que ver con el olor corporal. Y aquí hay un dato divertido: el sudor no tiene ningún olor en particular. Cuando el sudor, o transpiración, se topa con las bacterias que están sobre la piel, es el momento en que puede empezar a apestar. Todo el mundo suda. Bañarte a diario es un buen hábito que debes iniciar y al cual debes acostumbrarte.

Discutiremos a detalle el vello púbico y los cambios genitales relacionados en el capítulo 4 (página 84).

La piel que habitas

¿Sabías que la piel es considerada un órgano? No solo eso, sino que es el de mayor tamaño en todo el cuerpo. Necesita cubrir una amplia superficie, lo que significa que tu piel representa alrededor del 15% de tu peso corporal. La piel varía dependiendo de la parte del cuerpo en que se encuentra. La más delgada es la de nuestros párpados y la más gruesa se encuentra en las plantas de los pies y las palmas de las manos. Nuestra piel ayuda a conservar la temperatura corporal, nos protege de lesiones y enfermedades, y contiene las terminaciones nerviosas que nos permiten sentir. Es un órgano de lo más fabuloso.

La capa externa de la piel se llama *epidermis*. Esta capa está formada por células que nos hacen impermeables, algo que es, tenemos que decirlo, absolutamente *extraordinario*. La epidermis hace esto para que no nos hinchemos con el agua u otros líquidos con los que entramos en contacto a diario. De todos modos, la piel permite cierto grado de absorción, y es por eso que funcionan las cremas y pomadas que nos recetan los médicos, pero el que seamos impermeables es un logro sorprendente que protege nuestro muy delicado interior. La capa de la epidermis se elimina de manera constante y se reemplaza en su totalidad una o dos veces por mes. Contiene una proteína que crea las uñas tanto de manos como de pies, que son células compactadas que se endurecen y que adquieren la forma que ya conoces.

La epidermis también contiene melanina, que es el pigmento que le da color a nuestra piel. La melanina es la sustancia que hace que la piel se broncee con el sol. El sol también ocasiona que el cuerpo produzca vitamina D, razón por la cual es sana la exposición moderada a la luz solar. Pero broncearse en exceso, tanto al aire libre, como por medios artificiales como las camas de bronceado, implica exponerse a radiación ultravioleta (UV) que aumenta el riesgo de irritaciones cutáneas como quemaduras de sol, envejecimiento prematuro y cáncer de piel. ¿La verdad? Es mejor que te quedes con tu color natural de piel.

Cada persona tiene niveles únicos de melanina, que es la razón por la que incluso tus hermanos y hermanas pueden tener un tono de piel ligeramente diferente al tuyo. Ya sabes que las personas vienen en toda una variedad de colores de piel, desde los tonos más claros, hasta los más oscuros. Esto tiene que ver con la genética y con el sitio del planeta del que provienen nuestros ancestros. Como ya mencionamos, la luz del sol estimula al cuerpo para que produzca vitamina D, pero un exceso de rayos UV puede dañar al cuerpo, de modo que los diferentes tonos de piel fueron un acto de equilibrio perfeccionado por la evolución. Los seres humanos desarrollaron tonos de piel más claros en sitios como el norte de Europa, donde la luz del sol no era tan abundante, y los primeros seres humanos desarrollaron tonos de piel más oscuros en sitios más cálidos, específicamente alrededor del ecuador, como África, Centroamérica y el Medio Oriente, para controlar el daño que pudiera provocarles el sol. Estas diferencias en el tono de piel se han heredado durante incontables generaciones y hacen que la especie humana sea increíblemente diversa. Siéntete orgulloso de la piel que habitas: representa tu asombrosa herencia.

Ponte a sudar

La segunda capa de piel se llama *dermis*. Ya antes hablamos del vello corporal; los folículos son parte de las estructuras especiales que se encuentran en la dermis. Esta capa también contiene las terminaciones nerviosas que nos permiten sentir el calor y el frío, y el aceite que lubrica nuestra piel para evitar que se reseque demasiado. Otras funciones de la dermis incluyen la capacidad de provocar la piel de gallina, lo que hace que se levante el vello corporal para atrapar el calor del cuerpo en caso de que haga demasiado frío. Si el cuerpo se acalora demasiado, las glándulas sudoríparas de la dermis entrarán en acción para producir líquido sobre la superficie de la piel. A medida que el líquido se evapora, disipa el calor corporal del cuerpo para que este se enfríe.

Aunque las manos y los pies son las partes del cuerpo que más sudan, notarás que hay otras partes que se ponen muy sudorosas. Una muy conocida es la de las axilas. Como la pubertad hace que crezca más vello axilar, que atrapa las bacterias, te convendrá usar un desodorante o antitranspirante en las axilas para controlar el olor excesivo. Aplica una delgada capa cada mañana y después de cada baño. Quizá tú no puedas olerte a ti mismo, pero te conviene hacerlo. ¡La higiene también ayuda a mantener la buena salud social, amigo! Encuentra un desodorante que te agrade y que no irrite tu piel. Tus padres quizá puedan recomendarte alguno.

Acné y otras afecciones de la piel

Mantener tu cuerpo limpio es un aspecto de tu higiene personal que ayuda con un sinfín de temas. Enfócate específicamente en las áreas que notes que sudan mucho a lo largo del día. El sudor también puede contribuir a la aparición del acné, que es resultado de la inflamación de los poros, lo que conduce a que tengas imperfecciones en la piel. Otros términos que probablemente hayas oído con mayor frecuencia son granos, granitos o barros. Algunos son puntos blancos y otros son puntos negros o espinillas. El acné ocasionará que te salgan todo tipo de granos.

El acné es más común durante la adolescencia, pero puede afectar a cualquier edad. Durante la pubertad, surgen granos sobre la cara, la frente, el pecho, la parte alta de la espalda, los hombros e, incluso, las nalgas. No hay ningún área que pueda considerarse rara. Principalmente, el acné es producto de los cambios hormonales durante la pubertad. La mayoría de los chavos tendrá acné en algún momento u otro, de modo que jamás pienses que se debe a que alguien sea sucio o grasoso. De todos modos, mantenerte limpio puede ser de gran ayuda. Presta atención a tu higiene, utiliza cremas simples de venta libre según las necesites, y consulta con un médico o especialista de la piel (dermatólogo) si tienes preguntas acerca de otros tratamientos para el acné.

Durante la pubertad, también es posible que se manifiesten otros padecimientos en la piel. Algunos términos que quizá hayas oído de tus familiares o compañeros de la escuela son eczema, psoriasis o dermatitis. Todos ellos ocasionan irritaciones en la superficie de la piel. Y hay algunos otros temas que deberíamos discutir. Ya te enteraste un poco acerca de las bacterias, esas pequeñas colonias de organismos vivos. Pues existen otros microorganismos a los que debemos prestar atención durante la pubertad. Podrán ser microscópicos, pero provocan trastornos que seguramente notarás. Algunos de estos microorganismos se llaman *hongos*. Pueden ocasionar un padecimiento en los pies que se conoce como pie de atleta. Es contagioso y cualquier persona puede infectarse, pero es frecuente que se encuentre entre atletas que caminan descalzos por los pisos de los vestidores. Esta infección por hongos, o micótica, causa descamación y comezón en la piel. Por lo general, suele presentarse primero entre los dedos de los pies, pero también puede afectar las uñas y plantas de los pies. Es muy curable. Puedes encontrar los medicamentos necesarios en tu supermercado o farmacia local. Para ayudar a evitar el pie de atleta, mantén limpios tus pies

y quítate los calcetines y zapatos sudorosos lo más pronto que puedas después de ejercitarte.

Un tipo de microorganismos que finalmente debemos mencionar son los virus. Un virus es una partícula microscópica que infecta las células del cuerpo en que vive. Los virus pueden ocasionar irritaciones como los fuegos (virus del herpes simple), que son pequeñas ampollas alrededor de la boca. Los virus también pueden causar verrugas (virus del papiloma humano), que son crecimientos que aparecen en las manos, los pies y otras partes del cuerpo. Tanto los fuegos como las verrugas pueden resultar incómodos y frecuentemente requerirán de tratamiento. Avísale a tus padres si se presenta cualquiera de ellos y pídeles que te lleven a la farmacia o que le pidan ayuda al médico. Los virus son contagiosos, de modo que no te piques o pellizques ninguna de estas imperfecciones porque podrían extenderse. Una nota final: si cualquier cosa inusual aparece sobre tus genitales, asegúrate de consultar con un médico para averiguar cuál es la mejor medida a seguir.

Así que esto es lo más importante que debes saber acerca de tu piel. Al igual que cualquier otro órgano, si cuidas de él, él cuidará de ti.

LO QUE NOS DICEN LOS NÚMEROS

Alrededor del 85% de las personas entre los 12 y 24 años de edad presenta acné. La mayor parte de las veces, cuando aparecen imperfecciones en nuestra piel, somos más críticos con nosotros mismos de lo que son las demás personas. Mantente positivo y piensa que, si te sale algún grano, es más que posible que los demás ni siquiera se den cuenta. ¡Todo el mundo tiene sus propios problemas! Lo mismo pasa con otras afecciones de la piel. Uno de cada 10 chavos presentará dermatitis o algún otro padecimiento similar en algún momento de su adolescencia.

Ojos y oídos

Los sentidos humanos son increíbles, ¿lo sabías? Hay veces que no los valoramos lo suficiente. Nuestros sentidos trabajan de manera conjunta para darnos toda la información relacionada con nuestra realidad cotidiana. Si tienes la enorme ventaja de contar con todos ellos —vista, olfato, gusto, oído, tacto y otro montón de sentidos más complejos como el sentido del equilibrio y del dolor— sabrás la importancia que tiene cada uno de ellos. Esto es especialmente cierto cuando necesitas recurrir a alguno en particular. Si has perdido cualquiera de tus sentidos, o si naciste con capacidades diferentes a los demás, sin duda apreciarás aquellos con los que cuentas. A menudo, tus demás sentidos funcionarán un poco mejor a causa de ello. Cuidar de tus sentidos es como todo lo demás que ya discutimos en este capítulo; los pequeños esfuerzos que lleves a cabo en tu higiene diaria y en tus hábitos de limpieza rendirán frutos a futuro. Eres un ser humano extraordinario. No des nada por sentado y seguirás *creciendo fantástico*.

¿De qué hablaremos primero? Veamos... ¡de tus ojos! Sin duda, se hará una revisión de tu vista, ya sea durante tu visita anual al médico, en tu escuela o en ambos sitios. Si usas lentes convencionales o lentes de contacto, ya sabes que te someterán a un examen de la vista año con año. A medida que pasas por tu adolescencia, esas revisiones continuarán para garantizar que tus lentes tengan la graduación adecuada para tus ojos. Mantén tus lentes limpios y a salvo para que no generes gastos innecesarios. Si eres muy activo, los lentes graduados para deportes podrían ser una buena opción. Garantizarán que tus ojos se mantengan protegidos y que tus lentes no se caigan durante tus prácticas o juegos. Ya sea que uses lentes o no, te beneficiarás de darle a tus ojos un descanso de los teléfonos, tabletas, juegos de video y otras pantallas. Ten especial cuidado cuando te encuentres en habitaciones completamente a oscuras donde tengas una pantalla brillante frente a tu cara por horas y horas. (Seguro que esto lo sabes desde hace mucho, ¡pero estamos echándole un ojo a tu vista! Jaja).

Sin importar dónde te encuentres en este momento, detente y escucha. ¿Oyes eso? Si es así, ¡agradécele a tus oídos! Incluso reconocer el silencio es un regalo que te da tu sentido del oído. Si fuiste propenso a tener infecciones de oído durante tu infancia, asegúrate de tener el mismo cuidado durante tu adolescencia. Las infecciones de oído son súper dolorosas. Durante tu baño, cuando te estés lavando el pelo, dales una breve enjuagada a tus oídos. Limpia las orejas y haz un leve movimiento empujando y jalando el lóbulo de tus orejas para desprender cualquier cerilla que pudiera acumularse en el interior. Ten mucho cuidado con los cotonetes, ya que puedes lastimarte o perforarte el tímpano con ellos. Mantén el volumen y uso de tus audífonos internos o externos al mínimo y, en definitiva, no los uses mientras duermes. Usar audífonos internos o externos durante tan solo una hora, ¡aumenta 700 veces la cantidad de bacterias en tus oídos! Es asqueroso, ¿no crees? Por lo general, te harán pruebas de audición al mismo tiempo que te hagan pruebas de visión, de modo que la enfermera de tu escuela o tu médico familiar podrán auxiliarte si tienes cualquier tipo de problema o duda relacionada con tu audición que necesite verificarse.

La boca y más

Durante la pubertad, tu boca se vuelve un lugar de lo más caótico. Perderás los dientes primarios que todavía te queden, los que normalmente se conocen como dientes de leche. Solo tienes un juego de dientes permanentes, de modo que cuídalos bien y tu sonrisa será tan brillante como tu futuro. Durante estos años, habrá un aumento de bacterias sobre tus dientes, encías y lengua. Es algo perfectamente normal. Aunque algunas de esas bacterias pueden ser dañinas, la mayoría de ellas no lo es, e incluso hay algunas que son benéficas. Pero cierto tipo de bacterias crecen y se multiplican si no te deshaces de ellas. Se combinan con las partículas de comida y forman una capa que se denomina *placa*. La placa puede endurecerse hasta convertirse en sarro, algo que causa enfermedades de las encías. Nada bueno. La placa también puede combinarse con el azúcar para producir el ácido responsable de las caries. Para prevenir las enfermedades de las encías y las caries, es necesario que retires la placa. La manera de hacer esto es cepillándote los dientes y usando hilo dental a diario. Los dentistas indican que el mínimo de tiempo que debes pasar cepillándote los dientes es de dos minutos y que debes hacerlo dos o tres veces al día. El cepillado no elimina toda la placa que se acumula entre los dientes, debajo de las encías o debajo de los frenos. (Y hablando de frenos, asegúrate de seguir las instrucciones específicas de tu ortodoncista para limpiar tus dientes y cuidar de tus frenos.) Recuerda que también necesitas utilizar hilo dental en estos espacios al menos una vez al día. Si se te dificultan estos hábitos, empieza poco a poco con recordatorios útiles, como colocar el hilo dental junto a tu cepillo. ¿Que no te gusta el cuidado dental? ¡Aprieta los dientes y resiste, hermano! Después de un tiempo, se convertirá en otro rápido hábito de higiene.

Y ya que estamos discutiendo ese tipo de asuntos, no se nos vaya a olvidar mencionar una última manera en que puedes mantener sano y limpio tu cuerpo en transformación. ¡Lávate las manos! El sentido del tacto, particularmente en el área de las manos, es una parte común e importante de la experiencia humana. Ya no eres un niñito, de modo que mantén esas manos alejadas de tu boca y esos dedos lejos de tu nariz. Lava tus manos por un periodo de al menos treinta segundos varias veces por día para que estén libres de microorganismos. Si no sabes cómo hacerlo todavía, aprende a usar un cortaúñas y asegúrate de que las uñas de tus manos estén siempre cortas y limpias. ¡Y nada de mordértelas! Esto va más allá del aspecto. Tiene que ver con controlar mucho de lo que ya hablamos en secciones anteriores: acné, infecciones de ojos y oídos, y salud dental.

VERTE Y OÍRTE MAYOR

A lo largo de la pubertad, muchos de los cambios de tu cuerpo tendrán que ver con lo que se denominan características sexuales secundarias. Las características sexuales primarias incluyen los cambios en tus genitales —el pene y los testículos— y se discutirán a detalle en el capítulo 4 (página 84). A diferencia de estas, las características sexuales secundarias incluyen básicamente todo lo demás que varía durante la pubertad.

Además del peso y la estatura, dos de los cambios externos que les suceden a los chavos a lo largo de la pubertad son la profundización de la voz y el crecimiento del vello corporal. Obviamente, tu rostro y tu voz pueden verse y oírse, por lo que cualquier cambio relacionado será evidente para todos los demás, de modo que sin duda te dirán algo al respecto. Tus familiares y amigos no lo hacen de mala fe: es solo que pueden notar que estás creciendo, cosa que no tiene nada de malo. Iniciamos el capítulo pasado con esto en mente y lo repetiremos una y otra vez: el cambio es positivo. Y el conocimiento es poder.

A medida que empieces a verte y a oírte mayor, quizá te preguntes cómo manejar cosas como el vello facial y hablar en público. En esta sección destacaremos lo que necesitas saber acerca de tu cuerpo a medida que logras equilibrar los cambios externos y tu confianza en ti mismo durante tu travesía por la pubertad.

¿RASURARSE O NO RASURARSE?

Todos los cambios externos se darán en un orden diferente, pero el primero que analizaremos será el vello facial. Esa pelusa que tenías en el rostro desde tu infancia empezará a engrosarse en el área de las patillas, el labio superior e, incluso, la barbilla. De ahí empezará a extenderse. A algunos chavos el vello facial les crece de manera pareja, pero eso no les sucede a muchos. Esta es una característica que va a tomar años en completarse. Buena cantidad de ese vello nuevo saldrá por partes alrededor de tu rostro. Es posible que primero te salgan

partes del bigote, que crezcan las patillas o incluso que tengas vello en la barbilla o el cuello. Dependiendo de tu cultura y religión, es posible que esté o no permitido que te rasures. En caso de que sea algo que tienes permitido o que te sientas motivado a hacerlo, hay formas de cuidar del vello facial.

A diferencia del mito popular, rasurarte no hará que el vello corporal crezca más espeso ni más rápido. No crearás más vello rasurándote, y hacerlo será innecesario hasta que la pubertad haga que el vello facial realmente empiece a crecer. ¡Pero ten cuidado! Las navajas de rasurar pueden ser extremadamente afiladas.

Decisiones, decisiones

Existen distintos tipos de rasuradoras y una enorme cantidad de marcas entre las cuales elegir. Como en el caso de cualquier producto, cada anunciante afirmará que su producto es el mejor y precisamente el que tú necesitas. Hay rastrillos de una sola hoja o de dos, e incluso hay de cuatro y hasta cinco hojas. Hay espumas y geles para rasurar y lociones para después de rasurarse. Incluso hay pequeños peines y cepillos para el cuidado del vello facial. Al final de cuentas, lo importante es lo que te funcione a ti. También vale la pena que experimentes con marcas genéricas porque pueden ofrecerte productos similares o idénticos por mucho menos dinero. Puedes preguntarle a tu papá o tutor, a un hermano mayor o incluso a algún amigo que te aconseje qué es lo que mejor le funciona a él.

De todos modos, te darás cuenta de que necesitas probar artículos diferentes para decidir cuál es el que mejor te funciona.

Por lo general, un rastrillo de doble hoja es un buen punto de inicio y sirve a la perfección. No compres nada muy costoso hasta que sepas a ciencia cierta qué es lo que le sirve a tu rostro. La espuma para rasurar es un tipo de humectante o hidratante, de modo que podrías utilizarla o simplemente rasurarte con agua caliente. Algunos hombres se rasuran en el lavabo con espuma y agua caliente, y otros lo hacen en la regadera para que el vapor ayude a abrirles los poros y a suavizar el vello. En cualquiera de los dos casos, te servirá usar un espejo para que no te saltes ningún punto. Hasta hay espejos pequeños que pueden pegarse a la pared de la regadera, si eso es lo que prefieres.

¿Cómo debo rasurarme?

Nota la dirección en que crece tu vello facial. Si no estás completamente seguro, pasa un dedo por cada parte de tu rostro para ver cuál es la dirección que ofrece la menor resistencia contra tus dedos o uñas. Primero, rasúrate en esa misma dirección. Esto se conoce como rasurarse a favor de la barba. En la mayoría de los casos, esto significará hacia abajo sobre el rostro: de las patillas al cuello, de la nariz hacia los labios, de los labios a la barbilla y bajando por el cuello hasta la orilla de tu camisa. Con frecuencia, el vello crece un poco hacia los lados en el área de la barbilla y el cuello, lo que puede significar que tendrás que rasurarte a favor de la barba por la línea de tu quijada hacia la oreja y desde tu manzana de Adán hacia cada lado de tu garganta.

Si vas a usar gel o espuma, mójate la cara primero. Rasurarte en seco jalará los vellos y dolerá bastante. También resultará más irritante para tu piel. Aplica solo una capa delgada de espuma para afeitar en las áreas que necesites rasurarte. (Resístete a ponerte una enorme barba blanca con la espuma... Está bien, ¡pero solo hazlo una vez!) Si vas a rasurarte solo con agua y jabón, quizá quieras tomarte algunos minutos para que tu rostro esté bien mojado antes de usar el rastrillo. Hay algunos hombres que prefieren colocarse una toalla

de manos húmeda y calientita contra el rostro unos minutos antes de afeitarse.

Haz presión suficiente sobre el rastrillo para que cortes el vello sin rasguñarte la cara. Si no ejerces la presión suficiente, lo que pasará es que estarás jalando los vellos en lugar de cortarlos limpiamente, cosa que es un poco dolorosa. Es posible que necesites algunas pasadas en ciertas áreas de tu rostro, en especial a medida que aumente la cantidad del vello o si ya pasó algún tiempo desde la última vez que te rasuraste. Antes de cada pasada, retira los restos de vello del rastrillo enjuagándolo bajo el chorro del agua o dándole unos golpecitos en la orilla del lavabo. Esto ayudará a que las hojas del rastrillo tengan el camino libre sobre la superficie de tu rostro.

Ya que termines de rasurarte a favor de la barba, es posible que decidas hacerlo de nuevo a contrapelo. Muchas veces, esto significa hacia arriba, sosteniendo el rastrillo de cabeza con el mango hacia arriba. Este tipo de afeitado puede cortar el vello más cerca de la piel, pero crea mayores posibilidades de que suceda algo que se denomina erosión cutánea. Esta es una irritación dolorosa en la que el vello queda por debajo de la primera capa de piel y crea granos o vellos encarnados. Estos granos duelen, pueden parecerse al acné, cicatrizarse y volverse permanentes con el paso del tiempo. Si se presenta este tipo de irritación en tu piel, deja de rasurarte algunos días y trata con una nueva técnica; deja de rasurarte a contrapelo y ve cómo reacciona tu rostro. La piel erosionada es especialmente común en el cuello, donde hay más dobleces y arrugas. Ahí es donde la piel tiende a ser más sensible. Hay algunas cremas que pueden ayudar, pero todo tiene que ver con la forma en que te rasuras. Si necesitas más consejos, siempre plantéale tus dudas a algún adulto en el que confíes.

Las rasuradoras eléctricas también son una opción. Algunos chavos tienen mucho éxito con ellas, pero hay otros a los que las hojas de las rasuradoras eléctricas les provocan más erosiones cutáneas. De nuevo, tu experiencia personal te indicará cuál es la mejor opción y tal vez quieras intentar con varios tipos si lo permite tu economía. Si no estás seguro de qué hacer, un rastrillo común y corriente con agua tibia es el mejor punto de partida. Junto con tu nuevo hábito adulto de rasurarte, debes tener la cortesía de enjuagar los pelitos que queden en el lavabo para que se vayan por la coladera. Mantén limpio el lavabo o la regadera para el siguiente miembro de tu familia; es más que posible que te feliciten, tanto por tu higiene, como por tu rasurado suave y terso. Es un ganar-ganar, bro.

LO QUE NOS DICEN LOS NÚMEROS

Acéptalo, hermano: el momento y la manera en que los chavos empiezan a rasurarse depende de cada quien. En promedio, la mayoría de los chicos notará el crecimiento de nuevo vello facial antes de los 16 años de edad. Para algunos, es un momento importantísimo. Para otros, no es nada especial. No tiene nada de malo que te sientas emocionado, molesto o indiferente. Aquí te presentamos los recuerdos de algunos hombres que ya se enfrentaron a lo que te espera a futuro.

«Recuerdo que todos mis amigos ya estaban rasurándose, pero a mí no me había salido nada de vello facial. Uno de mis amigos me sugirió que me rasurara porque eso estimularía el crecimiento de la barba. No me sirvió de nada. Después de que cumplí los 20 años, me empezó a crecer vello facial de manera abundante y resultó que me disgustaba. Eso simplemente comprueba que no hay que apurar las cosas».
—Karl C.

«A mí me empezó a crecer el vello facial mucho antes que a mis demás compañeros de escuela. Algunos de mis amigos pensaban que era genial, pero otros me decían que me rasurara. A causa de mis antecedentes y de mis padres, no empecé a rasurarme sino hasta los dieciséis años de edad. Me acostumbré a ello, al igual

que mis compañeros de escuela. Simplemente se volvió parte de quien era mientras crecía».
—**Sachin S.**

«No tengo mucha barba que digamos y, de entre todos mis amigos, fui uno de los últimos en tener que rasurarme. Incluso ahora, lograr que me crezcan las patillas y la barba ¡me lleva una eternidad! De más joven, quizá fue algo que me ocasionaba cierta inquietud, pero ahora me doy cuenta de que cada persona tiene niveles distintos de vellosidad».
—**Andy M.**

VELLO Y OTROS CAMBIOS DEL PECHO

No te tomes las cosas demasiado a pecho, pero la pubertad ocasionará una multitud de cambios en esa parte de tu cuerpo. Además del vello facial, otros cambios que quizá noten los demás se centrarán en torno al pecho de cada chavo. La musculatura del torso —es decir, los músculos superiores del pecho que se conocen como pectorales— aumentará en tamaño y fuerza. Y puedes estar seguro de que tus hombros también se ampliarán, junto con tu pecho. Esto llevará bastante tiempo, de modo que no esperes despertarte una mañana con la capacidad de hacer 100 lagartijas seguidas. La fuerza y tamaño de los músculos de tu pecho variarán a causa de la genética, pero si puedes mantenerte activo, comer lo que debes y dormir lo suficiente, ayudarás al desarrollo de tu cuerpo. Hablaremos acerca del ejercicio y otros temas semejantes más a fondo en el capítulo 5 (página 106).

Es hombre de pelo en pecho

Como ya lo mencionamos antes, tu vello corporal empezará a verse y a sentirse más áspero. Es muy probable que crezca más en tu torso; a menudo empieza a crecer al centro de tu pecho, alrededor de tus pezones y en algún punto alrededor de tu ombligo. Igual que el vello facial, los chavos empezarán a notar cierto crecimiento de vello sobre su pecho por ahí de los 16 años de edad, pero no terminará de crecer sino hasta el final de la adolescencia o ya entrados los 20. Por ahí dicen: «Es un hombre de pelo en pecho». Es un dicho para referirse a los hombres bien hombres. No te saldrá pelo en el pecho cada vez que te portes como un valiente o que intentes hacer algo novedoso. La rudeza, tanto mental como física, podrá ser una característica excelente, pero no define la masculinidad. Ser un caballero o ser adulto también significa estar en sintonía con tus emociones. Hablaremos más acerca de los sentimientos en el capítulo 6 (página 130).

Para cuando llegan a la adultez, hay algunos hombres que eligen cuidar del pelo de su pecho, mientras que otros simplemente lo ignoran. Esto es cuestión de gusto personal y puedes mantenerte sano y limpio hagas lo que hagas. Lavarte el vello del pecho es más que fácil y puede hacerse en la regadera, de la misma manera en que dijimos que podía hacerse en el caso del vello axilar. Ten cuidado si recortas el vello de tu pecho porque, al igual que en el caso del vello facial, puedes provocarte una irritación en el torso. Recuerda que el vello no crece más grueso ni abundante por cortarlo o rasurarlo. A diferencia del cabello de nuestras cabezas, el vello corporal tiene un crecimiento máximo, algo que se denomina *longitud terminal* del cabello, que es más corto. O sea que, no: rasurarte no cambiará el grosor, longitud, color o velocidad de crecimiento del pelo. Pero claro que eso no significa que no lo hagas. Es tu cuerpo, es tu decisión.

DATOS DELIRANTES

Antes de la pubertad, el vello que crece sobre el rostro, pecho y abdomen de los chavos es fino. Al iniciarse la pubertad, ese vello se transforma en vello terminal y se hace más largo y más fuerte. Cada día, se caen y se reemplazan cerca de 100 cabellos del cuerpo, la mayoría de los cuales provienen de nuestro cuero cabelludo.

Este... ¿y los pezones? ¿Por qué tengo pezones?

A estas alturas, seguramente te habrás dado cuenta de que no eres el único que está atravesando la pubertad.

No solo hay millones de chavos que están haciendo la travesía de pasar por su adolescencia, sino que hay millones de chavas que también están cambiando. De hecho, es frecuente que las niñas empiecen la pubertad a una edad más temprana que los chavos. Como ya sabemos, cada quien es diferente, por lo que es más que posible que veamos niñas altas y chavos chaparros, o chavos gordos y chavas delgadas, o todo otro montonal de diferencias que pueden variar y transformarse en unos pocos años. Muchos de estos cambios son exclusivos del sexo masculino o femenino. Sin embargo, hay cosas que son parecidas en todo el mundo y eso se debe, principalmente, a que todos somos humanos. Cuando los humanos nos desarrollamos dentro del útero, a cada bebé (que se llama *feto* en los meses antes de su nacimiento) se le da un plano para su crecimiento, de modo que el código genético de cada persona incluye los planos para una estructura corporal semejante. Y para ejemplo, basta un botón: ¡los pezones! Los hombres no tienen los genes que les

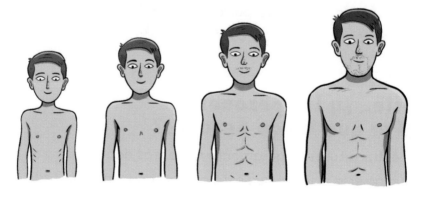

permiten embarazarse, ni producir leche materna, lo que hace que el desarrollo y función del pecho y de los pezones de un chavo sean muy diferentes a los de las chavas. Dicho esto, de la misma manera en que las chavas verán cambios en sus senos y pezones, los chavos también verán algunas alteraciones en el tejido de sus pechos y de sus pezones.

En el caso de los chavos pubescentes, el tejido mamario que se encuentra debajo de los pezones puede endurecerse un poco y aumentar de tamaño durante meses o años. Incluso es posible que los pezones se vuelvan más sensibles durante este periodo de la pubertad. El término para esto es *ginecomastia* y es relativamente común que le pase a uno o a ambos pezones durante la pubertad. La ginecomastia es el resultado de cambios hormonales. (¿Recuerdas la testosterona? Pues su hermano químico, el estrógeno, es el que está actuando aquí). En la gran mayoría de los casos, la inflamación del tejido mamario desaparecerá sin necesidad de tratamiento, pero puede llevar cierto tiempo: entre seis meses y dos años. Durante este periodo, es posible que el pecho o los pezones parezcan más grandes a causa de un exceso de grasa corporal. Si esto te inquieta, consulta a tu médico familiar.

Autoexploraciones

Y ya que estamos hablando de estar al tanto de las diferencias, deberíamos discutir el término *autoexploración*. Una autoexploración es precisamente lo que suena que es: la exploración que tú mismo haces de tu propio cuerpo. Fuiste inteligente al decidir leer este libro, porque es importante que sepas qué cambios de la pubertad son normales y naturales. También es indispensable que sepas qué revisar para saber si estás sano o si padeces de alguna enfermedad. Esto puede ser tan sencillo como vigilar tu frecuencia cardiaca, inspeccionar tus dientes y encías, o revisar tu piel para estar pendiente de cualquier lunar que esté creciendo o de cualquier erupción cutánea que no sea saludable. Las autoexploraciones pueden llevarse a cabo rápidamente todos los días, antes o después de bañarte, o durante tus demás rutinas de higiene. Aquí hay un par de preguntas simples que te puedes hacer: ¿hay algo que te duela sin que haya razón para ello? ¿Sientes alguna incomodidad o cualquier otra cosa que esté fuera de lo normal?

Volveremos a hablar de las autoexploraciones en el capítulo 4 (página 84) cuando discutamos los cambios puberales que suceden debajo del cinturón y la forma de estar al tanto de tu salud testicular.

CAMBIOS DE VOZ

Otro cambio externo que hace que un chavo parezca mayor es el cambio de su voz. Si te oyes mayor, es lógico que los demás te perciban como mayor. Esto puede ser frustrante y molesto, pero también puede hacerte sentir empoderado y emocionado. Cuando tengas una voz más profunda, te empezarán a ver más y más como el joven hombre que ya eres. De todos modos, eso no significa que a fuerzas *te sientas* maduro. Tampoco quiere decir que necesites transformarte por completo para *parecer* más maduro. Todavía puedes disfrutar de todos los pasatiempos de tu infancia: no es necesario que abandones tus juguetes favoritos o tus demás intereses porque hacerlo te parezca «más adulto». Tus intereses cambiarán una y otra vez. Simplemente no dejes de ser quien eres a lo largo de todo el proceso. Nadie jamás ha sido tú y nadie volverá a serlo en el futuro.

Los cambios de voz pueden generar confusión durante la pubertad, porque se mezclan una voz más aguda y una voz más profunda. Aclaremos algunas cosas para que sepas qué debes esperar.

¿Qué es la manzana o nuez de Adán?

La laringe cuenta con una pared externa de cartílago que se localiza en mitad de la garganta y que forma lo que se conoce como *manzana de Adán* o *nuez de Adán*. La manzana o nuez de Adán de un chavo crecerá durante la pubertad porque la laringe se está haciendo más grande, cosa que le dará un tono más grave a su voz. Cuando formamos palabras con nuestra lengua, labios y dientes, el sonido se produce por las cuerdas vocales que se tensan y se acercan unas a otras. El aire de los pulmones pasa por las mismas y hace que vibren, lo que produce el sonido de nuestra voz.

Los gallos

A medida que crece la laringe y el tejido circundante, la voz de los chavos se profundiza y se agudiza, lo que hace que tenga un sonido irregular. Típicamente, esto empieza a experimentarse hacia los trece años de edad. La laringe seguirá creciendo y, en general, los chavos tendrán su voz adulta para los dieciséis años de edad. Mientras tanto, debes esperar algunos altibajos que quizás estén fuera de tu control. A continuación, te daremos algunas ideas para controlar estos gallos en caso de que tengas algún discurso importante o que necesites comunicar algo en tus actividades deportivas, musicales o de otro tipo. Primero que nada, ¡haz un calentamiento! Las primeras palabras que emitas después de que estés en silencio por un tiempo podrían salir en un tono sorprendentemente agudo. Aclara tu garganta un poco y haz unos cuántos sonidos repetidos de «ejem» antes de hablar en público. Empieza usando el tono más bajo posible que tengas en tu rango y después utiliza algunos tonos medios, un poco como lo haría un vocalista antes de empezar a cantar. Esto no lleva gran tiempo, ni llama mucho la atención; puedes hacerlo en solo algunos segundos sin que nadie más se dé cuenta de ello. Otra manera de disminuir los gallos en tu voz es mantener una cantidad adecuada de aire circulando por tu garganta mientras hablas. Utiliza un poco más de presión, como si estuvieras hablando en un tono de voz más fuerte o frente a un público más grande. En muchas ocasiones, la voz se quiebra

cuando la presión disminuye o si tratas de hablar más calladamente.

Incluso con estos consejos, no hay garantía de que no experimentes cierta cantidad de gallos. ¿Y cuál es una de las mejores maneras de manejarlo en caso de que suceda? ¡Con sentido del humor! Aprende a reírte de ti mismo; te servirá mucho para disminuir cualquier vergüenza que puedas experimentar si tu voz se quiebra. Una breve risa y decir algo como: «¡Lo siento! ¡Va de nuevo!», será todo lo que necesites. Tratar de ocultar el hecho podría no funcionar, de modo que piensa en algunas frases graciosas que le dejen saber a todo el mundo que estás desarrollando una fantástica personalidad junto con esa fantástica voz. Podrías decir algo como: «¿Quién dejó entrar al Gallo Claudio?», o algo como: «¡Oh, oh! ¡Cuidado con esos gallos que pueden picotear!». Si alguien tratara de molestarte en serio por ello, puedes ser educado pero directo: «Oye, no tienes por qué ser mala onda. Mi voz está cambiando, eso es todo». Sonríe y sigue adelante con tu día.

Se oye bien

Al final, tu voz será única, exactamente igual que el resto de ti. Tu forma de hablar se verá impactada por el idioma que hables, por la localización geográfica en la que te encuentres, por tu familia y por tus amigos, pero el tono será absolutamente tuyo. Quizá sea más elevado, más bajo o con una inflexión diferente, que se refiere a la tonalidad y expresión de la manera en que pronuncies las palabras. Una buena cantidad de excelentes oradores a lo largo de la historia tuvieron voces inusuales y muchos más han manejado diferentes trastornos del habla. Lo que tú hagas con tu voz es la parte poderosa. Con una simple frase, tienes la capacidad de agradar a los demás o de hacerlos sentir mal. Ten esto en cuenta mientras atraviesas la adolescencia; parte de *crecer fantástico* es desarrollar tu salud mental y social también. Y no te preocupes, en el capítulo 6 (página 130) hablaremos de cómo lidiar con situaciones difíciles y manejar tus emociones al tiempo que reaccionas respetuosamente a las de los demás.

POR DEBAJO DEL CINTURÓN

Pues bien, amigo mío, llegó el momento de que discutamos *esas cosas*. Ya sabes, todas esas partes de la región que se encuentra por debajo del cinturón. Ya mencionamos algunos de los cambios que suceden «allá abajo» durante la pubertad, pero mereces conocer todos los detalles para que sepas cómo mantenerte sano y salvo en tu travesía por la adolescencia. Los órganos reproductores externos de los chavos, llamados *genitales*, incluyen el órgano principal del pene y los dos órganos ovalados que cuelgan por debajo y atrás del pene y que se denominan testículos. Utilizaremos estas palabras en lugar de todos esos términos coloquiales que existen para que mantengamos las cosas en un nivel serio y preciso.

A diferencia de los cambios externos que puedan observar otras personas, los cambios en los genitales serán personales y privados. En realidad, la única persona que los verá y experimentará serás tú mismo. En cierto sentido, ¡esto es excelente! Cada chavo tiene el derecho a su privacidad en lo que se refiere al crecimiento de sus órganos reproductores. Las características sexuales primarias que se desarrollan en el pene, los testículos u otras partes corporales relacionadas no son un asunto público. Quizá haya temas de la pubertad que se vean en la escuela o que se discutan en casa. En términos educativos, no todo necesita mantenerse en secreto durante tu desarrollo, pero de todos modos es posible que te queden algunas preguntas más personales, y para eso te servirá este libro. La curiosidad es perfectamente normal. Y lo diremos de nuevo: el conocimiento es poder. Aprender acerca de los cambios de la pubertad siempre te será de provecho. De modo que adentrémonos en el terreno de la región genital con algunas preguntas comunes y otros temas necesarios.

EL VELLO DE ALLÁ ABAJO

Ya en el capítulo 2 (página 34) hablamos un poco del vello púbico cuando discutimos el cuidado del cabello. Mencionamos que el vello púbico depende en gran medida de los genes y que suele ser del mismo color que otros tipos de cabello corporal, como el de tus cejas y axilas. Sin importar cuál sea el color, tipo o cantidad, mantener el vello púbico limpio y aseado te servirá no solo durante tu pubertad, sino también en tu adultez. Como todo lo demás que sucede durante la pubertad, cada chavo experimentará el crecimiento del vello púbico de manera diferente. El pubis es ese hueso duro que sientes por debajo de la piel entre tu ombligo y tu pene. Es posible que empieces a ver vello fino que crece a los lados del pubis, cerca del doblez de las piernas, o quizá notes que empiezan a brotar vellos ásperos en la base del pene cerca de tu cuerpo. También verás que crecen algunos pocos vellos sobre el escroto, que es la bolsa de piel que contiene los testículos. El vello púbico empezará a notarse alrededor de los 12 años de edad y seguirá creciendo hasta los 17 o 18 años. Al alcanzar la adultez, también puede ser común cierta cantidad

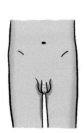

de vello debajo de los testículos, sobre y debajo de las nalgas y arriba de tu coxis.

Mantén limpio el vello púbico lavándolo en la regadera al mismo tiempo que laves todo el pelo de tu cuerpo. El vello púbico suele ser rizado y —dependiendo de tu raza y antecedentes— hay veces que crece más cerca de la piel en comparación con otros tipos de pelo en tu cuerpo; asegúrate de que el champú o jabón lleguen hasta la piel. Mantenerte limpio reducirá el número de bacterias, lo que prevendrá cualquier olor corporal. La limpieza también reducirá las irritaciones en los poros, cosa que puede ocasionar comezón en la piel. A esto, que se denomina tiña crural o tiña inguinal, también se le conoce como *hongos en las ingles*. La tiña inguinal es, en efecto, el resultado de una infección micótica o por hongos. Es frecuente que se presente en atletas porque los hongos se propagan en los ambientes cálidos. La piel húmeda y sudorosa cubierta por ropa apretada puede ser la receta perfecta para que esos hongos aparezcan de un día para otro. Tranquilo. Una señal común de la tiña inguinal es una irritación cutánea sobre los genitales, la parte interna de las piernas e, incluso, la raya de las nalgas. La limpieza regular del vello púbico reducirá drásticamente el riesgo de cualquier tipo de erupción en la piel.

El cuidado del vello púbico es exactamente igual al del vello que crece sobre el pecho: para la adultez, algunos hombres elegirán darle cuidados especiales a su vello púbico, mientras que otros lo dejarán como salga. Recortarlo, rasurarlo o dejarlo depende de cada quien, es una preferencia personal. Es muy poco común que recortarlo sea una necesidad física. Si el vello púbico crece demasiado y se enreda o se jala con la ropa interior, los suspensorios u otro tipo de ropa, una breve recortada con unas pequeñas tijeras resolverá el problema con facilidad. Ten mucho cuidado si te rasuras, ya que así es mucho más probable que tengas irritaciones en la zona púbica. Es muy común que se presente una irritación sobre el pubis, donde quizá te apriete el resorte de tu ropa interior, o en sitios más cálidos, como el pliegue de tus piernas o el escroto, donde el contacto piel contra piel es constante.

CAMBIOS GENITALES

Los genitales aumentarán levemente de tamaño al inicio de la pubertad, pero este aumento quizá no pueda notarse. Los cambios significativos generalmente serán observables a los 13 o 14 años de edad. De todos modos, es posible que las cosas se detengan de vez en cuando antes de que se aceleren hasta adquirir el aspecto de tu cuerpo adulto, para los 18 años de edad o más. Lo primero que aumentará de tamaño serán los testículos. Recuerda que en realidad no son «huevos», a pesar de su forma ovalada.

Los testículos empiezan a llevar a cabo su función principal una vez que las hormonas los impulsan a actuar al inicio de la pubertad. Los testículos son los responsables de la generación de los espermatozoides, que son las células microscópicas que contienen el ADN del hombre. Recuerda del capítulo 1 (página 14), que el ADN contiene el código genético que te hace ser quien eres. El propósito de los espermatozoides es contribuir a la reproducción, de la que hablaremos a detalle más adelante en este mismo capítulo. En su parte superior, cada testículo tiene una pequeña estructura que se llama *epidídimo*, donde se almacenan los espermatozoides maduros de manera temporal y que contiene pequeños conductos que se conectan al resto del cuerpo. Los testículos siempre serán extremadamente sensibles, de modo que debes cuidarlos muchísimo. Discutiremos la forma en que debes hacerlo más adelante.

Todos los hombres tenemos un sistema integrado de protección para los testículos. El escroto es la bolsa de piel que contiene los testículos y otras partes conectadas. La piel del mismo crecerá y se engrosará para los 13 o 14 años de edad y es posible que, al paso del tiempo, todos los genitales adquieran un tono de piel ligeramente más oscuro. Los espermatozoides requieren de una temperatura muy específica para desarrollarse de manera correcta. Ya sabes que la temperatura del cuerpo humano se mantiene por ahí de los 36.2 a 37.5 grados Celsius o centígrados. Pues la producción de espermatozoides humanos necesita estar cerca de 2.2 grados por debajo de la temperatura

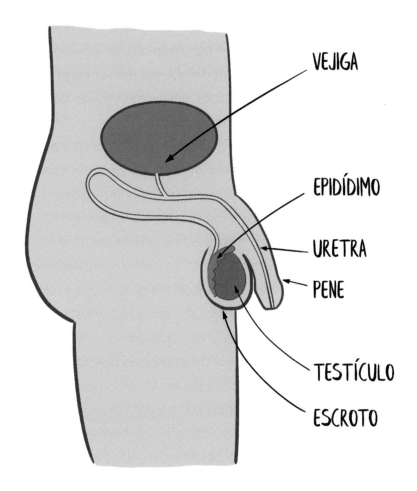

VEJIGA

EPIDÍDIMO

URETRA

PENE

TESTÍCULO

ESCROTO

corporal normal. Esa es la razón por la que los testículos son externos, a diferencia de los órganos internos que tienen las mujeres para la producción de los óvulos.

La piel del escroto puede tensarse para acercar los testículos al cuerpo y darles más calor, o relajarse para que se alejen del cuerpo y se ventilen. Esto es parte de la ciencia humana y no es algo de lo que debas preocuparte, para nada; tu cuerpo lo hará de manera automática por su cuenta. Quizá puedas notarlo cuando saltes a una alberca que esté fría o cuando estés relajándote al sol un caluroso día de verano. Pero esos son detalles que debes mantener en privado. No es necesario que anuncies estas maravillas de la naturaleza a todos los que te rodean.

A medida que los testículos y el escroto se hagan más grandes, el pene también lo hará y aumentará su longitud y su circunferencia general (su grosor). De manera semejante a los testículos, el pene madurará de manera notable por ahí de los 12 o 13 años de edad y crecerá a su tamaño completo para los 17 o 18 años de edad. Es posible que la pregunta más común entre los chavos durante la pubertad sea, «¿Soy normal?». Las preocupaciones acerca del tamaño del pene son igual de comunes que las que se refieren a otros cambios de estatura, voz o vello corporal. Siempre y cuando todo esté funcionando y recuerdes que los cambios de la pubertad siempre son distintos entre cada persona, puedes estar seguro de que estás creciendo a la perfección. Discutiremos detalles adicionales relacionados con el pene en las secciones restantes del presente capítulo.

¿Trusas o bóxers?

«¿Qué ropa interior debo usar?». ¡Es una pregunta de lo más común! El que la hagas significa que te importas a ti mismo y que te importa tu salud. ¿La respuesta más sencilla? Tú eliges. Los bóxers son más flojos y son más como si usaras *shorts*, mientras que las trusas tienen resorte alrededor de las piernas y la cintura, y quedan un poco más ajustadas. Incluso hay trusas tipo bóxer, que son más largas de pierna, pero que se sienten más como trusas normales. A menudo, los chavos usan trusas a lo largo de su infancia, pero pueden elegir lo que prefieran una vez que alcanzan la pubertad. Como siempre, prueba con diferentes estilos hasta que decidas cuál es el que prefieres. Las dos opciones podrán tener una abertura al frente para que tengas un acceso rápido al momento en que necesites orinar. Querrás encontrar una marca y modelo que no se abra demasiado, permitiendo que el pene se salga con facilidad: tu pene es sensible, de modo que la ropa interior debe protegerlo del roce de las telas más ásperas como la mezclilla u otros tipos.

La respuesta algo más detallada es que, en este caso, la salud de tus testículos se verá un poco más beneficiada por los bóxers. Acabamos de mencionar que los espermatozoides necesitan una temperatura muy específica para desarrollarse de manera adecuada. En el caso de hombres adultos que están buscando reproducirse, el número de espermatozoides sanos incrementa las probabilidades de tener un *bebé*. Los testículos pueden sobrecalentarse si un hombre utiliza ropa interior muy ajustada. Si los testículos se encuentran varios grados más calientes de lo que deberían estar, no podrán producir un número suficiente de espermatozoides maduros, lo que dará

por resultado un recuento bajo de espermatozoides. Los bóxers permiten que el escroto haga su trabajo.

Eso no significa que tengas que cambiar tus hábitos en este preciso momento. Al final de cuentas, tendrá más que ver con lo que tú prefieras. Sin embargo, siempre debes permanecer atento al futuro de tu salud. Si eres un joven que usa trusas, algo que debes considerar es darles a tus testículos el mayor espacio posible para respirar. Esto podría significar que utilices ropa más holgada cuando estés en casa descansando, especialmente durante la noche.

¿DEBERÍA USAR UN SUSPENSORIO?

Si eres deportista, notarás que hay diversos tipos de soporte atlético tanto para las prácticas, como para los juegos. No vas a querer que todo ande saltando por ahí mientras corres, brincas y llevas a cabo todos los movimientos de tu deporte favorito. Los suspensorios ya son algo anticuados. Se usan con o sin coquilla y los diseños anteriores siempre tenían un frente que brindaba apoyo y una parte trasera abierta. Es más probable que con los diseños más nuevos puedas usar una trusa tipo bóxer con soporte atlético que tenga la posibilidad de que insertes una coquilla por dentro, dependiendo de tus necesidades deportivas. Son bastante más cómodas y es frecuente que su tela transpirable «disperse» el sudor del cuerpo, lo que deja al deportista sintiéndose más seco y fresco durante sus actividades. Algunas trusas de soporte pueden contar con telas antimicrobianas que mantienen alejados a los gérmenes. Este tipo de ropa deportiva es ajustada y resulta una elección inteligente para los testículos durante los movimientos intensos. Protégete desde temprano para que conserves tu salud testicular a largo plazo.

¿Qué son las erecciones?

Durante la pubertad, es posible que empieces a experimentar más erecciones y diferentes etapas de las mismas en tu pene. Una erección es cuando el pene se endurece, se levanta y separa del resto del cuerpo porque se llena de sangre. Un estado relajado, o «suave», se conoce como pene *flácido*. Si está estimulado o excitado, se le conocerá como pene *erecto*. El término correcto es erección y es el que utilizaremos en este libro, en lugar de utilizar términos coloquiales como decir que el pene «se le paró» a alguien. Por cierto, como ya lo mencionamos antes, el pene humano no contiene ningún hueso en su interior. Las erecciones son normales y pueden presentarse sin razón alguna, aparte del hecho de que las hormonas están ayudando a tu cuerpo a crecer. También es posible que se presenten si te sientes atraído hacia alguien o si piensas en algún tema sexual.

Las erecciones son perfectamente sanas, pero eso no quiere decir que siempre sean oportunas.

La mayor parte del tiempo, el pene se encontrará en un estado flácido. Dicho eso, es posible que se presente una erección por alguna razón u otra. Aunque es algo natural, puede resultar inquietante porque una erección no es algo que quieres que sea evidente en un sitio público. Las maneras de manejar una erección que se presente en público son 1) tratar de concentrarte en lo que estés haciendo en el momento, sea en la escuela o en casa, 2) tratar de levantar el pene de manera discreta hacia arriba en dirección al área del cinturón, o 3) encontrar la manera de excusarte para ir al baño y tratar de controlar la situación. En la mayoría de los casos, las erecciones desaparecerán en cuestión de minutos, de modo que es una simple cuestión de esperar. Levantarte si estás sentado podría hacer que sea más evidente para los demás.

No hay la menor duda de que se presentarán erecciones por la noche a lo largo de la pubertad y ya entrada la adultez. Esto es algo sano y, de hecho, forma parte de tu ciclo de sueño: mientras estás dormido y durante las secuencias de sueños que puedas tener, el flujo de sangre aumenta y disminuye en todo tu cuerpo, así como en el área púbica. No es necesario que un chavo esté soñando con cosas sexuales para que tenga una erección mientras duerme, pero ciertamente puede coincidir con sueños de contenido sexual. Durante este proceso nocturno, es posible que el cuerpo también libere semen, el líquido que contiene los espermatozoides, en lo que se denomina eyaculación nocturna. Estos episodios también se conocen como sueños húmedos. Es la manera en que tu cuerpo maneja los aumentos en la hormona testosterona. Los sueños húmedos son sanos y normales, pero pueden variar en el caso de cada chavo en particular. Algunos tendrán sueños húmedos frecuentes, cada semana o par de semanas; algunos otros podrían no tenerlos más de algunas veces a lo largo de la pubertad.

El semen es un líquido blanco, semitransparente, más espeso que la orina. Es una mezcla rica en proteínas que mantiene vivos a los espermatozoides. El semen se libera en pequeñas cantidades —solo alrededor de una cucharadita de líquido en total— en ondas de contracciones rítmicas que se denominan *eyaculación*. En los hombres, la eyaculación coincide con una sensación placentera que se llama *orgasmo*.

Aunque todo esto puede parecer complicado, la excelente noticia es que estas funciones corporales suceden por sí solas. Aunque el semen sale despedido por el mismo conducto que la orina, el cual se conoce como *uretra*, la ciencia del cuerpo es tal que hay pequeñas puertas que se denominan válvulas que se hacen cargo de las cosas sin que tú tengas que pensar en ello en lo más absoluto. Jamás orinarás y eyacularás al mismo tiempo.

Causarte una erección y eyaculación de manera deliberada se conoce como *masturbación*.

La masturbación se hace a solas y en privado. Es una manera sana de que llegues a conocer tu propio cuerpo para cuando alcances la adultez. No tiene nada de malo que te masturbes; sin embargo, es posible que tus creencias personales o religiosas te impulsen a no hacerlo. Si te masturbas, hazlo en privado, cuida de la piel y los tejidos que tienes allá abajo, y jamás permitas que interfiera con las demás actividades de tu vida; en términos sociales, académicos o de otro tipo. Siempre trata de mantener un sano equilibrio en tu vida.

Circuncisión

Junto con las diferencias que hay entre personas, es natural que haya diferencias en su anatomía. Eso significa que sus genitales tendrán un aspecto único, con pequeñas variaciones entre cada chavo. Hay ocasiones en que el *prepucio*, la pequeña capa de piel que cubre el cuerpo del pene y su punta o cabeza, que también se denomina glande, se recorta con una cirugía. Dependiendo de tu cultura y religión, es posible que esta cirugía se haga al momento del nacimiento o, incluso, algunos años después de nacer. Esto se llama *circuncisión*. Cada chavo nace con un prepucio y puedes mantenerte limpio y sano, estés circuncidado o no.

Si no estás circuncidado y tienes un prepucio que cubre la cabeza de tu pene, el glande, asegúrate de jalar esa piel hacia atrás con cuidado cuando te bañes para que puedas limpiar las áreas que se encuentran debajo de la misma. Si estás circuncidado, el glande siempre estará expuesto, pero de todos modos debes limpiar el área del prepucio todos los días. Cuídate de que no se acumule una cantidad excesiva de jabón ahí dentro y enjuágate con agua abundante, en especial por la sensibilidad de la uretra, ese hoyito por el que sale la orina. Si se mete jabón en la uretra, tendrás una sensación de ardor cuando orines.

Si experimentas cualquier otra sensación de ardor, ya sea cuando estés orinando o que se trate de algo constante, y no se metió jabón en la uretra, avísale a tus padres de inmediato para que hagan una cita con el médico. Es posible que hayas contraído una infección por virus o bacterias y deberás asegurarte de que todo esté funcionando al cien por ciento allá abajo.

Reproducción

La reproducción es el proceso por el que un organismo se propaga a sí mismo. Es el acto en el que un hombre y una mujer crean una vida nueva. La pubertad es el momento en que los chavos adquieren la capacidad para reproducirse. Aunque el pene y los testículos seguirán madurando hasta el final de la pubertad, los órganos del chavo ya son funcionales para la reproducción una vez iniciada la pubertad. Esto significa que en cuanto empieza a producir espermatozoides, un chavo ya puede reproducirse. Aunque esto sea posible en la adolescencia, no quiere decir que el chavo esté listo, mental y socialmente, para tener un hijo propio.

Las decisiones inteligentes siempre deben tomarse cuidando las relaciones interpersonales y sexuales, o el *sexo*, que es cuando dos personas tienen un contacto físico cercano e íntimo mientras se encuentran desnudos. Hay diferentes tipos de contacto sexual dependiendo del género y de las personas involucradas. Las relaciones heterosexuales suceden cuando el hombre inserta su pene erecto en la vagina de una mujer. Esta es una de las maneras en las que puede darse la reproducción. Una vez que se eyacula el semen al interior del cuerpo de una mujer, los espermatozoides trabajan en grupo para localizar e insertarse dentro del óvulo, o célula sexual femenina, para fertilizarlo (es decir, para que se dé la concepción). Estas pequeñas células, que parecen renacuajos, tienen una larga cola que utilizan para viajar y un receptor en la punta con el que encuentran al óvulo. Cada espermatozoide de un hombre contiene la mitad de sus cromosomas con el código de ADN para crear una nueva vida. Sus crías (hijos) replicarán este código de ADN a medida que se multiplican las células dentro del útero de la mujer.

Las erecciones y los sueños húmedos son una parte sana del proceso de la pubertad porque el cuerpo del chavo se está preparando para el futuro. Cuida la salud de tu sistema reproductor ahora y toma decisiones sexuales seguras, para que cuentes con todas las opciones posibles para tener una familia propia cuando llegues a la adultez.

¿Sabías que los espermatozoides son las células más pequeñas del cuerpo humano, sea masculino o femenino? Los espermatozoides miden alrededor de cincuenta micras de longitud. Micra (o micrón) es una abreviatura para micrómetro, que es una millonésima parte de un metro. La mayor parte de la longitud de un espermatozoide es su cola; la cabeza del mismo mide apenas cinco micras de ancho. Un hombre sano puede emitir entre cincuenta millones y mil millones de espermatozoides durante la eyaculación. Sin embargo, estas células son tan pequeñas que todas ellas caben en apenas una cucharadita de líquido.

Protégete y haz autoexploraciones

Muchas personas consideran que los genitales son la parte más sensible del cuerpo de cualquier chavo. Hay muchísimas terminaciones nerviosas en los mismos, razón por la cual tanto los testículos como el pene son extremadamente sensibles al dolor si algo choca con ellos o si reciben un golpe. No se necesita de gran fuerza para ocasionar un dolor intenso. Si tus genitales reciben un golpe, necesitarás algo de tiempo para recuperar la compostura. Si hay dolor residual, alguna inflamación inusual o cualquier sangrado o moretón de consideración, acude a la sala de urgencias de inmediato. Esta es la razón por la que jamás es una buena idea juguetear con tus amigos y otros chavos con golpes o patadas a la entrepierna. Ten hacia los demás el mismo respeto que tienes para contigo mismo. Un golpe en los genitales es el último recurso ante una amenaza física inminente. De lo contrario, no te arriesgues a dañar el sistema reproductor del otro y encuentra mejores maneras de expresar tu amistad y sentido del humor. Todo el mundo te lo agradecerá.

Las autoexploraciones son una forma saludable de conocer tu propio cuerpo y reducir el riesgo de distintas enfermedades. Las enfermedades transmisibles son aquellas que son contagiosas, como las infecciones de transmisión sexual (ITS), que pueden propagarse a través del contacto sexual. Las enfermedades no transmisibles no pueden contagiarse de una persona a otra. Estar atento a ti mismo y a tus elecciones, en combinación con revisiones para detectar cualquier cambio, puede ayudar a prevenir ambos tipos de enfermedad. Los problemas testiculares pueden detectarse de manera temprana por medio de la autoexploración. Practica los siguientes pasos, lo mejor es hacerlo durante un baño tibio o inmediatamente después del mismo.

PASO 1: Sostén tus testículos, uno a la vez, entre ambas manos.

PASO 2: Con cuidado, rueda cada testículo entre tu pulgar y tu dedo índice, aplicando una ligera presión.

PASO 3: Fíjate dónde se encuentran el epidídimo y el conducto que sale del mismo (cordón espermático) en la parte de atrás de cada testículo.

PASO 4: Siente el testículo para ver si tiene bultos, cambios de tamaño o cualquier otra cosa que sea irregular.

Aunque la mayor parte de este capítulo tuvo que ver con asuntos privados, siempre que tengas preocupaciones o inquietudes relacionadas con la salud de tus genitales, no te esperes ni mantengas nada en secreto; tómate el tiempo para hablar de inmediato con algún adulto al que le tengas plena confianza. Hablaremos de cómo hacer esto en el capítulo 7 (página 148).

CÓMO ALIMENTAR Y LLENAR DE ENERGÍA TU CUERPO

Hasta este punto, hemos hablado de todos los cambios principales que le sucederán a tu cuerpo durante la pubertad. La manera en que crece el cuerpo humano y las transiciones por las que atraviesa en el camino de la adolescencia a la adultez son bastante increíbles. De veras que eres un tipo sorprendente, hermano. Aunque muchos de los cambios de la pubertad sucederán sin que hagas nada especial para que pasen, la realidad es que sí hay algunas cosas que puedes hacer y que te serán de ayuda. Mereces saber los tres hábitos principales que ayudan a los chavos a mantenerse sanos: nutrición, ejercicio y sueño. En realidad, nada de esto es un secreto, pero cada uno de estos elementos suele ser ignorado de vez en cuando. Entonces, ¿qué detalles debes comprender de esta tríada de la salud? En este capítulo, examinaremos las formas en que puedes sentirte bien y confiado en tu travesía por la pubertad.

NUTRICIÓN

El cuerpo humano es como una máquina bien aceitada, bro. Eres un auto deportivo de alto rendimiento. Tienes un motor turbo con transmisión automática. Cuentas con un sistema de navegación de primera. Tienes aire acondicionado, características de seguridad y control de velocidad. Además, te ves de lo mejor. Pero, además, esta es una de las mejores partes: con todo y ese montón de accesorios fabulosos, sigues siendo extraordinariamente eficiente en cuanto a combustible.

Pero esto es más que una comparación divertida. Tu cuerpo necesita el alimento de la misma manera en que cualquier motor o máquina necesitan combustible. Para poder sentirte bien y trabajar de manera adecuada,

necesitas conseguir energía de manera correcta y consistente a lo largo de la semana. Tu dieta es justo ese combustible. En palabras simples, una dieta es todo lo que comes. Es el tipo de alimentación que ingieres a diario. Tener una dieta no necesariamente significa limitar ciertos alimentos, como cuando comes menos durante las comidas o cuando consumes menos calorías totales. El término *dieta* se refiere a las decisiones que tomas en cuanto a la comida y lo que introduces en tu cuerpo para darle energía.

En general, tus padres tendrán la última palabra en cuanto a los alimentos que entren y salgan de tu vida. Es posible que tú no prepares tus comidas, pero también es posible que puedas hacer sugerencias para la lista de compras o que puedas ayudar de otras maneras. Si prestas atención en este momento, estarás más informado y preparado una vez que seas completamente responsable de tus propios hábitos alimenticios.

Calorías y nutrientes

Una caloría es la unidad de energía de la alimentación. Considera que las calorías son el combustible que utilizan los humanos. Los nutrientes son las sustancias que tienen los alimentos y que necesitamos para crecer y vivir. Las calorías provienen de tres nutrientes principales, que se llaman *macronutrientes*: hidratos de carbono, proteínas y grasas. Los hidratos de carbono incluyen los azúcares y almidones de los alimentos y su función primordial es proporcionarle energía al cuerpo. Los hidratos de carbono, o carbohidratos como comúnmente se les dice, también ayudan al cerebro y al sistema digestivo a funcionar de manera correcta. Cada gramo de carbohidratos nos proporciona cuatro calorías.

Las proteínas se componen de elementos básicos llamados *aminoácidos* y proporcionan las estructuras y el mantenimiento para las células, tejidos y órganos. Las proteínas también ayudan a nuestros músculos, sangre y sistema inmunitario. Cada gramo de proteínas también nos proporciona cuatro calorías.

Las grasas dietéticas a menudo tienen mala reputación, pero hay cantidades importantes de grasas saludables que nuestros cuerpos necesitan a diario. Las grasas sirven para apoyar el crecimiento celular, el calor corporal, la absorción de vitaminas y la salud del corazón. Cada gramo de grasa nos proporciona nueve calorías, lo que hace que las grasas sean una excelente fuente de energía alternativa.

Los carbohidratos, las proteínas y las grasas son los macronutrientes que nos dan calorías y con ayuda de las vitaminas, minerales y la nunca valorada agua, podemos llevar a cabo nuestras tareas cotidianas. Vivimos vidas largas y saludables. Los hábitos son acciones que llevamos a cabo de manera regular. Dedicarle tiempo al desarrollo de hábitos alimenticios saludables ahora, facilitará que nos mantengamos sanos a lo largo de la adolescencia y por el resto de nuestras vidas. Parte de *crecer fantástico* significa generar y conservar el respeto por ti mismo y una parte importante de ese autorrespeto es cuidar de tu cuerpo. Eso incluye que conozcas y que te importe todo aquello que introduzcas en tu cuerpo.

Un plato a todo color

Distintos gobiernos e importantes organizaciones de la nutrición tienen diversas recomendaciones para una alimentación sana. A menudo, se dice que la comida que es buena es *saludable*, porque genera buena salud. Por otro lado, se dice que las personas son *sanas* porque su salud y bienestar son los adecuados. La idea de comer alimentos saludables no es quitarle el gusto a lo que se come. Es todo lo contrario: tener una dieta saludable nos ayuda a sentir de maravilla y nos mantiene funcionando al cien.

Antes que cualquier otra cosa, siempre toma en cuenta cualquier alergia alimentaria u otros requisitos dietéticos que tengas, como vegetarianismo o veganismo (evitar la carne y/o productos animales). Las recomendaciones de médicos y nutriólogos deben tomarse en cuenta junto con tus creencias personales y otras necesidades adicionales. Una vez que hagas esto, encuentra una variedad de alimentos que disfrutes. La alimentación saludable no tiene que referirse a atragantarnos con comida que detestemos, sufrir con comidas que no saben a nada o que nos parezcan aburridas. La comida puede saber deliciosa y ser saludable al mismo tiempo.

En lugar de centrarnos demasiado en los números —en las medidas de las porciones y en las calorías— es posible lograr una buena variedad alimentaria por medio del «plato a todo color». Una meta excelente es tratar de hacer que la mitad de cada comida se componga de frutas y verduras. Otra meta excelente es incluir granos enteros, eligiendo pan, pastas, tortillas y arroz integral.

Mira algunos elementos básicos que te darán una idea del aspecto que podría tener un plato a todo color:

Los alimentos **ROJOS** ayudan al corazón, a la piel y al sistema inmunitario. Por ejemplo: manzanas, pimientos rojos, sandía, jitomates, uvas y fresas.

Los alimentos **ANARANJADOS** ayudan a los ojos, al sistema inmunitario y al sistema circulatorio. Por ejemplo: naranjas, zanahorias, camote amarillo, pimientos anaranjados, duraznos y melón chino.

Los alimentos **AMARILLOS** ayudan al crecimiento celular, a la visión y a la salud del corazón. Por ejemplo: lima, papaya, maíz, piña, pimientos amarillos y mangos.

Los alimentos **VERDES** ayudan a la salud de los huesos, al sistema inmunitario y al sistema reproductor. Por ejemplo: espinacas, aguacates, brócoli, calabacitas, lechuga y ejotes.

Los alimentos **AZULES Y MORADOS** ayudan a la reparación de tejidos, al sistema circulatorio y al control de enfermedades. Por ejemplo: moras azules, col morada, ciruelas, zarzamoras, berenjena y ciruelas pasas.

OTROS ALIMENTOS: en pequeñas cantidades, y si crees que son buenos para ti, puedes consumir diariamente lácteos como la leche, el yogurt y el queso. También hay alternativas a la leche de vaca: a algunas personas les agrada la leche de almendras. Encuentra variedades y alternativas a los lácteos que tengan una cantidad limitada de azúcares añadidas.

Para mayor información relacionada con la nutrición, acude a la sección de Recursos (página 170) que se encuentra al final del libro.

Delicias azucaradas y exquisiteces saladas

Todos conocemos el sabor del azúcar. Y es exquisita, ¿verdad? Nadie podría negarlo. Y las cosas saladas también son de lo más deliciosas. Pero no seas ese tipo de chavo que afirma que un plato a todo color es el que incluye panditas rojos, papitas sabor queso, papas a la francesa y golosinas azules; todo ello acompañado de algún refresco verde. Para nada, hermano, pero gracias por participar. Además de crear un plato a todo color que sea rico en frutas, verduras y granos integrales, otra meta importante para una dieta sana es limitar las azúcares añadidas y la sal innecesaria (la sal es cloruro de sodio, que es un elemento que debemos limitar en nuestra dieta). A corto plazo, es posible que nos hagan sentir de maravilla, pero es frecuente que pocas horas después de ese acelerón inicial que nos da el azúcar, sintamos un bajón. Después de una comida con mucho sodio, puede que nos sintamos deshidratados. Una cantidad excesiva de sales y azúcares procesados puede afectar al sistema circulatorio y dejarte sintiéndote peor de lo que te sentías antes.

Es posible que para cuando llegues a la adolescencia te den más libertad para pasar tiempo con tus amigos. Esto significa que habrá mayor oportunidad para comer comida rápida, comprar alimentos chatarra en la escuela o botanas mientras estás divirtiéndote. ¡Ten cuidado de no excederte con estos alimentos! Los malos hábitos se arraigan con gran velocidad.

Prefiere los alimentos que no vengan previamente empaquetados. Claro que esta es una regla demasiado general, pero los alimentos que son frescos y naturales son una opción más saludable que este tipo de producto. Estos productos vienen en cajas o bolsas y son artículos como frituras, dulces, galletas e incluso cereales. Tienden a ser procesados, lo que significa que tienen azúcares añadidas, sodio y otros saborizantes que modifican los sabores para mejorarlos. Suelen ser productos como botanas, postres y refrescos, y las empresas que los fabrican incluso pueden añadirles vitaminas o destacar la presencia de ciertos ingredientes de frutas para aumentar su atractivo comercial. Incluso es posible que los jugos contengan azúcares añadidas. Por ejemplo, una manzana es una maravillosa fuente de carbohidratos y contiene azúcares naturales que el cuerpo puede aprovechar. A diferencia de esto, el jugo de manzana puede contener tantos azúcares como un refresco o soda.

Pero no te desanimes, bro. Limitar los aditivos y alimentos procesados que ingieras no significa que jamás puedas darte un gusto. Date cuenta de que las botanas y los postres son justamente eso: alimentos especiales que se deben comer en porciones pequeñas. Las botanas no pueden ofrecerte una alimentación completa y los postres no deben comerse a diario. El cerebro y demás órganos de tu cuerpo saben que una comida debe ser algo que se disfrute. Los humanos evolucionamos para que las acciones de masticar y tragar sean partes importantes del proceso de ingesta de alimentos, tanto para el cuerpo, como para la mente. Además, las comidas son reuniones sociales fabulosas donde podemos pasar el rato con familiares y amigos para contarles todos nuestros pensamientos, sentimientos y emociones. Nuestros cuerpos están hechos para ansiar las cosas que mejor sostengan nuestras necesidades energéticas, razón por la que la comida verdadera suele ganarle la batalla a cualquier botana o suplemento como las bebidas, polvos y pastillas que se crearon para ayudar con los nutrientes. Una vez que reconozcas al alimento como el combustible que necesitas para tus sistemas corporales, podrás notar los beneficios de la alimentación saludable al tiempo que disfrutas cada una de tus comidas. Evita revisar el refrigerador o la despensa cuando estés aburrido. En lugar de eso, ayuda a tu familia cuando se esté haciendo la comida y encuentra una actividad que no sea asaltar la cocina. ¿Necesitas ideas? Consulta la siguiente sección acerca del ejercicio.

ALIMENTARTE CUANDO TIENES ALERGIAS

Es común tener alergias a los alimentos. Seguro que para este momento, tú y tu familia ya habrán consultado con un médico para saber si tienes cualquier tipo de reacción alérgica a algún alimento.

Pueden variar desde alergias a cacahuates y a frutos secos (almendras, nueces, pepitas, etc.), intolerancia a la lactosa o los lácteos, o alergias a los mariscos. También hay muchas otras alergias. En ocasiones, pueden desaparecer cuando las personas crecen; en otras, tienen que seguir una dieta en la que eviten los alimentos o ingredientes que provoquen la reacción. Si eres abierto, puedes mantenerte positivo y confiado al comer cosas diferentes a los demás. Sirve de mucho que tus amigos sepan que tienes una alergia. Si te ofrecen algún alimento al que eres alérgico, responde con algo sencillo y honesto como «Te lo agradezco, pero la verdad es que soy alérgico a eso. ¿Hay algo más que me puedas ofrecer?». Habrá personas que te quieran hacer preguntas, pero solo limítate a los hechos. Es algo que te produce una reacción y que necesitas evitar. Sé estricto en la costumbre de revisar las etiquetas de los diferentes alimentos en busca de los alérgenos que te provocan alguna reacción y apréndete los alimentos o productos que te provocarían problemas. Si sigues una dieta vegetariana o tienes otras necesidades dietéticas y sabes que vas a ir a una cena o fiesta en casa de alguien más, sería de utilidad que se lo dijeras a algún adulto con anticipación para que así puedan tomar en cuenta tus necesidades.

EJERCICIO

Una de las mejores maneras de mantener el control sobre tu cuerpo mientras pasas por la pubertad es mantenerte físicamente activo. Los niños activos se convierten en adolescentes activos y los chavos activos se convierten en adultos activos. Es un hábito de lo más natural para cualquier niño; todos sabemos que a los niños les fascina correr, saltar y jugar. Para este momento de tu vida, habrás encontrado algunas actividades físicas que te agraden, pero no descartes cualquier oportunidad nueva. Es posible que encuentres alguna que te resulte divertida y desafiante.

La actividad física tiene muchos beneficios para un cuerpo en desarrollo. El ejercicio regular promueve la salud y el bienestar físico al conservar los músculos, equilibrar las grasas corporales y fortalecer los huesos. La actividad física también mejora la salud del cerebro y la memoria, el estado de ánimo y el desempeño académico en la escuela. El ejercicio ayuda a prevenir enfermedades y es una parte importante de las conexiones sociales durante la adolescencia. A través del deporte y de los juegos al aire libre, puedes hacer y conservar amigos. Durante la pubertad, ejercitarte oxigena al cerebro y ayuda a las hormonas a hacer su trabajo. La actividad mejora la circulación de la sangre a tus extremidades para que tu cuerpo pueda desarrollarse y pasar sin problema por los dolores de crecimiento. Así también, el movimiento estabiliza el estrés y las emociones. Como podrás darte cuenta, ¡hay un sinfín de razones para activarte a diario!

Una última razón para empezar a moverte es que te ayuda con el sueño. Podemos dormirnos con mayor facilidad y nuestro sueño es más profundo y reparador gracias a la actividad física; cualquier movimiento que hayas hecho al inicio del día es de ayuda. En otra sección del capítulo, destacaremos la función del sueño y las necesidades de sueño de los chavos que están atravesando por la pubertad.

Se recomienda que un adolescente lleve a cabo 60 minutos de actividad física al día. Esto puede hacerse de un jalón o puede ser acumulativo (a lo largo de varias horas), pero no es necesario que te limites a una hora al día. La actividad física debe ser tan intensa para que la frecuencia cardiaca suba a un punto en que, si pausas y reflexionas por unos segundos, puedas sentir tu corazón latiendo en tu pecho. Hay frecuencias cardiacas específicas que puedes verificar para ver si te estás moviendo a una intensidad adecuada; si esto te interesa, podrás encontrar vínculos a páginas web en inglés en la sección de Recursos al final del libro (página 170).

Atletas

¿Te consideras un atleta? O quizá simplemente ames los deportes y la actividad. No tienes que ser el mejor en lo que hagas para considerar que eres atlético. Además, el atletismo puede desarrollarse con la práctica, algo que seguramente ya sabes. Eso es lo que resulta genial del ejercicio y del cuerpo humano. Por medio de la fuerza, el acondicionamiento y la práctica de habilidades, cualquiera puede mejorar en la actividad que elija.

Es frecuente que el interés por un deporte específico se transfiera a otras actividades. Características como la coordinación, la velocidad y la agilidad pueden servirte sin importar el tipo de deporte que quieras intentar. Mantente abierto a la posibilidad de que aquello en lo que eras excelente durante tu infancia podría no ser aquello en lo que seas excelente en tu adolescencia. El entrenamiento en diversos deportes también ayudará a desarrollar tus habilidades físicas generales, de modo que probar diferentes deportes puede ser una buena idea al paso de los años. ¡Y procura escuchar a tus entrenadores! Si quieres mejorar en cualquier deporte, te será de provecho saber escuchar y aplicar lo que te enseñen. Los fracasos no son permanentes; te dan la oportunidad de aprender y adaptarte.

Dependiendo del deporte que practiques, es posible que necesites equipamiento, ropa o accesorios de seguridad específicos. Esto puede variar de un simple atuendo para entrenar, a ropa interior atlética como la que describimos en el capítulo 4 (página 84). Aparte de una coquilla o suspensorio, otros artículos dependerán del deporte. Quizá necesites zapatos deportivos o tacos, un protector bucal, un casco, venda inelástica, rodilleras, coderas u otros protectores, y, dependiendo de tus necesidades de visión, lentes deportivos.

No deportistas

No es obligatorio que practiques algún deporte para mantenerte activo. Una de las mejores maneras para ponerte en movimiento es simplemente a través de juegos divertidos al aire libre con tus amigos. A veces hay parques públicos, patios de juegos y gimnasios disponibles en las diferentes comunidades. Otras opciones son encontrar un campo abierto o el jardín o patio de algún amigo donde puedan aventar o patear alguna pelota, jugar a las escondidillas o a algún juego de captura de banderas o en el que puedan crear alguna carrera de obstáculos que sea desafiante. Incluso podrían hacer una competencia en la que tengan que correr a diferentes partes del vecindario (teniendo cuidado de mantenerse sobre las banquetas y fuera del tráfico, por supuesto). Quizá la música te guste más. Ya sea que estés solo o con tus amigos, siempre puedes poner algo de tu música favorita y empezar a moverte. No tienes que ser un bailarín de primera, solo deja que la música te lleve. Quizá te impulse a correr, tal vez te inspire a trepar un árbol o quizá te haga sentir bien de una manera que simplemente te permita dejar salir algo de tu energía. Solo sé educado con tu familia y cualquier otra persona que esté cerca. Tu música favorita no debe interferir con el respeto que todos se merecen.

SUEÑO

Es más que posible que el último elemento del trío saludable para el cuidado propio sea el más importante. El sueño no es para los débiles; es para aquellos que son fuertes e inteligentes. Es para los que se sienten motivados y exitosos. Es para los atletas, los músicos, los artistas, los escritores y los expertos en tecnología. Es para cualquiera que esté interesado en su bienestar y no esté dispuesto a negociarlo. Lo que eso significa es que el sueño no tiene sustitutos, no tiene excepciones. Por ejemplo, no existe ningún tipo de siesta que reemplace una buena noche de sueño. Ni tampoco es cierto que puedas compensar por lo que no dormiste durante el fin de semana. No puedes dormir cinco horas un día, doce horas al día siguiente y esperar sentirte bien; no hay manera de compensar el tiempo perdido. No puedes ahorrarlo como si se tratara de una alcancía y no puedes mandarte pagarés una vez que tengas una

deuda de sueño. O duermes lo que debes para ese día en particular, o ya no lo hiciste jamás.

Durante el sueño, el cuerpo y el cerebro descansan de lo que sucedió durante el día. No solo eso, sino que hay respuestas corporales naturales que suceden durante una noche de sueño. Se llevan a cabo reparaciones de mantenimiento a las células tanto de tus músculos, como de los tejidos conectivos. Tu cerebro y sistema nervioso central trabajan para consolidar, o archivar, lo que recuerdas y lo que aprendiste. Durante el sueño, hay una variedad de respuestas hormonales que activan el crecimiento, en especial durante la pubertad. Quizá notes que te sientes más cansado que de costumbre durante la pubertad. Tu cuerpo está utilizando cantidades enormes de energía. Y tú quieres sacarle el mayor provecho posible a tu cuerpo, ¿no? Es por ello que el sueño debe ser una prioridad.

LO QUE NOS DICEN LOS NÚMEROS

Alrededor de 85% de los adolescentes duerme menos de las ocho horas recomendadas por noche. Más de 90% de los adolescentes hace uso de algún tipo de tecnología en la hora anterior a acostarse. El problema con esta exposición a la luz de alguna pantalla o dispositivo digital es que puede demorar la respuesta hormonal correcta que induce el sueño. Si tienes problemas para dormir, ¡no estás solo! Casi 17% de los adolescentes podría recibir un diagnóstico clínico de insomnio (problemas para dormir por las noches). Para ayudar a resolver el problema, limita las cantidades de azúcar, cafeína y tiempo de pantalla a lo largo del día y, en definitiva, justo antes de acostarte. Si tienes cualquier problema con tus patrones de sueño, consulta a tu médico familiar.

Si tomas todo lo anterior en cuenta, administrar tu sueño de manera inteligente no significa que te falte motivación o que te estés perdiendo de nada. En realidad, un exceso de trabajo y una falta de recuperación son una combinación de lo peor para tu salud. Aunque suene rudo o te empodere decir que trabajaste tanto que no dormiste la noche entera, ese tipo de comportamiento conduce a un colapso futuro. La clave es tener el equilibrio correcto entre trabajo y sueño. La escuela y los pasatiempos son indispensables, pero también lo son el tiempo de descanso y de sueño. Dormir ayuda a cada aspecto de tu vida, incluyendo tu bienestar físico, mental y social.

Necesidades de sueño

De modo que ya establecimos que el sueño es una parte absolutamente esencial de la vida cotidiana, pero, ¿cuánto tiempo necesitas dormir? Aunque los requisitos de sueño varían de persona en persona, la mayoría de los adolescentes necesitan entre ocho y diez horas de sueño por noche para funcionar al máximo. Los chavos que estén atravesando la pubertad se sentirán especialmente bien si se proponen dormir alrededor de nueve horas por noche. Un poco más o menos dependerá de tu edad, de tu cerebro y cuerpo particulares, y de tu nivel de actividad diaria. A los nueve años de edad, quizá lo mejor sea que te propongas dormir alrededor de once horas por noche. Para los dieciocho, quizá puedas funcionar con solo ocho horas y media. Lo que es seguro es que no puedes ignorar tus necesidades de sueño. ¡Asegúrate de dormir bien!

El adolescente promedio duerme solo siete horas por noche. En la sociedad acelerada de hoy, siete horas de sueño por noche podrá sonar excelente. Pero, en realidad, no es más que una receta para una falta constante de sueño, algo que se conoce como *privación crónica de sueño*. La privación de sueño significa que una persona no está durmiendo lo suficiente, cosa que puede llevar a problemas de salud. Incluso perderte de apenas una hora al día puede ocasionar que te vuelvas más irritable e impulsivo. También puede generar problemas relacionados con la seguridad.

Quizá no te sientas notablemente adormilado al día siguiente, pero incluso un poco de sueño menos por noche puede afectar tu tiempo de reacción, tu capacidad para defenderte de infecciones como resfriados y gripes, y tu desempeño en trabajos escolares y en actividades deportivas y musicales. Obtener la cantidad adecuada de sueño por noche te ayudará a mantenerte alerta, a resolver problemas e incluso te ayudará a sentirte más confiado. La mejor manera de sentirte bien a lo largo de la pubertad y ya en la adultez es irte a la cama a la misma hora cada noche y despertarte más o menos a la misma hora cada mañana, sin importar qué día de la semana sea.

Si te cuesta trabajo quedarte dormido, no te le quedes viendo a un reloj. Ni tampoco te pongas a contar ovejas. Puede servir de mucho que limites las cantidades de azúcar, cafeína, ejercicio nocturno y tiempo de pantalla antes de acostarte. Ya que estés con la cabeza sobre la almohada, enfócate en un solo pensamiento positivo, en uno solo. Dejar que tu mente divague podrá sonar como una buena manera para quedarte dormido, cuando, de hecho, eso mantiene despierto a tu cerebro. Mientras desaceleras tu respiración, piensa en una sola cosa buena que te sucedió ese día o en esa única cosa que está por venir y que te entusiasma. Y ya que estamos hablando del tema, ten en cuenta que casi todo el mundo tiene pesadillas. Los sueños que te asustan son parte del mecanismo de defensa del cerebro para aprender y evitar amenazas. Aunque no pueden evitarse por completo, puedes limitar la cantidad de pesadillas que tengas por medio de hábitos de sueño consistentes y mediante el control de tu estrés y ansiedad. El capítulo 6 (página 130) explorará las emociones a detalle.

DATOS DELIRANTES

Las calorías no son todas iguales en términos del volumen de comida. Cien calorías de brócoli llenarían un tazón de buen tamaño, mientras que cien calorías de queso parecerán cuatro pequeños cuadritos.

El ejercicio no solo le sirve a tu cuerpo. Ejercitarte también mejora tu memoria. El ejercicio regular llena de energía tu cerebro; estimula la creación de nuevas neuronas (las células del cerebro) y te ayuda a tener un mejor desempeño en actividades mentales.

El sueño no solo tiene que ver con el descanso. Gracias a todas las reparaciones que se hacen durante la noche, dormir quema más calorías que ver televisión.

SENTIMIENTOS Y AMISTADES

Ya establecimos que la pubertad es un momento de crecimiento físico, pero en realidad la vida es mucho más que eso. La travesía por la adolescencia incluye otros cambios, no solo los que suceden al interior de tu cuerpo. Comúnmente, podemos clasificar a la vida, y por lo tanto a la salud, en tres categorías principales: bienestar físico, bienestar mental y bienestar social. A partir de ahí, podemos detallar las cosas lo más que queramos. Por ejemplo, las partes de la vida que se refieren a la salud ambiental, a la salud espiritual y a la salud emocional van ganando importancia. Pero el triángulo de la salud es un buen punto de partida para comprendernos a nosotros mismos. A lo largo del libro, hemos ahondado en los aspectos físicos de la pubertad. Ahora nos aseguraremos de abarcar la salud mental y la social también.

CAMBIOS EN EL ESTADO DE ÁNIMO Y MÁS

En el primer capítulo mencionamos que las hormonas activan el crecimiento que experimentas a lo largo de la pubertad. Recuerda que las hormonas son químicos que se liberan en el interior de tu cuerpo; son como una especie de mensajeros. Controlan y coordinan las funciones de tus órganos internos sin que tengas que pensar en ello. Las hormonas se secretan por un sistema del cuerpo que se denomina *sistema endócrino*, que incluye una sección muy importante del cerebro que se llama *glándula hipófisis*. Durante la pubertad, la glándula hipófisis ayuda con tu crecimiento físico y con todos los

cambios que ya describimos en los capítulos anteriores, pero también hace que tus emociones cambien. Del mismo modo en que tu cuerpo tiene que ajustarse a todas las nuevas hormonas durante la pubertad, también lo tiene que hacer tu mente.

A causa de todos estos cambios hormonales, es posible que sientas altibajos en tus emociones; comúnmente se les conoce como *cambios en el estado de ánimo*. Son oleadas de emociones que te afectan a medida que creces y pueden ocasionarte muchos disturbios. ¡Pero manténgase firme, capitán! Un momento podrías sentirte feliz y al siguiente podrías sentirte triste sin razón aparente. Luego podrías estar enojado y gritando, o sentirte herido y con ganas de llorar. Esto puede resultar de lo más confuso, pero debes comprender que no tiene nada de malo. Tus hormonas se irán estabilizando a lo largo de la pubertad; mientras tanto, prepárate para sentirte exageradamente sensible, irritable, celoso o aislado de tus amigos y familia. También es posible que te sientas emocionado y acelerado de la nada, o que sientas ganas de reírte en momentos inapropiados.

Échale un ojo a las siguientes secciones que te ayudarán a manejar todo esto.

Consciencia plena

Estas son algunas cosas que puedes hacer para manejar los cambios en tu estado de ánimo. Primero lo primero: en momentos de emoción intensa, da un paso atrás y mira tu vida con una lente distinta. Trata de distinguir qué es lo que está pasando como si te estuvieras viendo en una película. Esto es difícil de hacer, en especial en momentos de frustración y molestia. Pero si logras reconocer cuáles son tus sentimientos actuales en cualquier momento dado, eso se conoce como *consciencia plena* o *mindfulness*.

Tener consciencia plena significa vivir en el momento presente. Quiere decir que te das cuenta de tu «aquí y ahora» sin clavarte en el pasado ni preocuparte del futuro. También significa que reconoces tu ambiente o entorno, como el ambiente escolar, el ambiente de tu cuarto o tu ambiente social, así como a las demás personas que se encuentran en tus alrededores. Tener consciencia plena de tu entorno puede ayudarte a determinar cómo manejar tus emociones, porque puedes tomar en cuenta las consecuencias de tu comportamiento en cada situación única. Si te dejas llevar por un arranque de gritos y alaridos en casa de un amigo, ¿cómo te hará ver? Si empiezas a discutir con alguno de tus padres en público, ¿crees que ese sea realmente el tipo de atención que quieres llamar?

Por último, usar la consciencia plena implica darles nombre a tus sentimientos sin criticarte. Si te sientes enojado o molesto, siéntete enojado. Si te sientes triste y decepcionado, siéntete triste. Reaccionar a los sentimientos es algo que no podemos controlar. Sucede de manera inicial y rápida, tras un par de segundos o minutos de nuestras experiencias vitales. Por otra parte, responder a nuestros sentimientos nos da un tiempo de procesamiento en el que podemos ver nuestras emociones representadas como si fueran escenas en una película. Si puedes centrarte en el momento presente, considerar tu ambiente y reconocer tus sentimientos, podrás responder a los sucesos de tu vida.

Habilidades de afrontamiento

Otras habilidades de afrontamiento que pueden ayudarte con los cambios en tu estado de ánimo y con el manejo del estrés son las actividades cerebrales esenciales que se enlistan en las siguientes páginas.

TIEMPO DE ATENCIÓN: Ponte metas y desafíos.

EJEMPLOS: Haz una lluvia de ideas para decidir qué esperas de esta semana, encuentra frases inspiradoras, enumera las ventajas y desventajas de una decisión futura, apunta tus fortalezas, identifica algunas debilidades, crea un plan de acción para el mes que viene.

TIEMPO CREATIVO: Sé espontáneo y creativo.

EJEMPLOS: Escribe, dibuja, pinta, canta, baila, actúa, toma fotografías, toca un instrumento musical, inventa un nuevo juego para ti y tus amigos.

TIEMPO SOCIAL: Pasa un rato con otros.

EJEMPLOS: Utiliza tu humor con tus amigos, platica con alguien en quien confíes, escríbele una carta a alguien que te importe, pasa tiempo libre con tus amigos o familiares, cuida o juega con tu mascota.

TIEMPO ACTIVO: El movimiento fortalece tu mente.

EJEMPLOS: Ejercítate o juega al aire libre, practica algún deporte, estírate, sal a caminar, haz algo de trabajo en tu jardín o patio, usa algún juego de mesa que incluya risas y movimiento.

TIEMPO DE RELAJACIÓN: Relájate y tranquilízate con música, películas o juegos.

EJEMPLOS: Escucha algo de música, tómate un breve periodo de 30 minutos para ver un programa o usar tu videojuego favorito, usa algún juego de mesa, ve alguna película si no tienes tarea que hacer. Limítalo a 90-120 minutos al día.

TIEMPO INTERIOR: La reflexión en silencio ayuda a establecer expectativas a futuro.

EJEMPLOS: Lee, reza o medita, limpia u organiza alguna parte de tu cuarto en silencio, toma un baño tibio, sueña despierto mientras te acuestas en tu cama o afuera.

TIEMPO PARA DORMIR: Recupérate de tu día y consolida tus experiencias para aprender.

EJEMPLOS: Concéntrate en tu respiración antes de acostarte, planea la hora exacta en que apagarás las luces, registra en el calendario el número de días seguidos en que has logrado dormir nueve o más horas.

Compartir es sentir

Todo el mundo está pasando por algo. Si alguna vez te sientes abrumado por tus emociones o experimentas situaciones sociales frustrantes, ten en cuenta lo siguiente: no eres el único. Lo difícil aquí es darte cuenta de que no necesariamente te vas a enterar de otros chavos que estén afrontando asuntos mentales o sociales. Los estados de ánimo, las amistades y las atracciones son algo que se queda casi siempre dentro del cerebro de cada quien. Claro que nuestros pensamientos, sentimientos y emociones se comunican por medio de nuestras acciones, pero gran parte de las mismas permanece invisible. No podrás ver cada detalle de la vida de alguien más y viceversa. Ellos no sabrán exactamente lo que está pasando contigo.

Si tus emociones te dejan confuso o si los cambios en tu estado de ánimo te parecen extremos, la comunicación puede ser de ayuda. No tiene nada de malo que te guardes algunas cosas. Después de todo, te mereces tu privacidad y no solo en lo que se refiere a los cambios físicos. Quizá disfrutes más de un tiempo personal en silencio, pero debes saber cuándo ponerte en contacto con alguien si sientes que algo está fuera de lo normal o si tus emociones salen de control. Comunícate con uno de tus padres o con otro adulto en el que confíes. Están de tu lado y seguramente querrán oírte. A veces, lo único que necesitamos es alguien que nos escuche. En otras situaciones, busca a un experto que pueda orientarte. Recuerda, hablar acerca de tus emociones puede ser de gran ayuda. De hecho, es lo más «masculino» que puedes hacer: después de todo, estás tratando de comprender tus sentimientos para poder ser la mejor versión de ti mismo. Este autorrespeto pasa a tus interacciones sociales, de modo que la comunicación es una parte muy importante de *crecer fantástico*.

¡La sección de Recursos (página 170) en la parte final del libro puede serte de gran ayuda! Asegúrate de echarle un vistazo en algún momento y, como siempre, acude al médico en persona si necesitas más ayuda.

DATOS DELIRANTES

Hay muchas cosas que pueden afectar nuestro estado de ánimo: el tipo de comida que ingerimos, el tiempo que pasamos al aire libre o en interiores, una recámara organizada o desorganizada, el tiempo que pasamos con tecnología e, incluso, nuestros sueños. ¿Sabías que los colores pueden afectar tu estado de ánimo? Por ejemplo, el azul puede producir sentimientos de paz y tranquilidad, el rojo está conectado con calidez y comodidad, y el verde genera sentimientos de salud y buena suerte.

AMISTADES EN EVOLUCIÓN

No tiene nada de malo que te preguntes si un grupo de amigos es el correcto para ti. A lo largo de la adolescencia, tus amistades pueden cambiar y eso se debe ¡a que la gente cambia! El cambio no es algo a lo que debas tenerle miedo. La gente tiene permiso de crecer y de evolucionar, y eso te incluye a ti y a tu elección de amigos cuando vas creciendo.

Hacia el final de tu educación primaria o básica y al entrar en educación media o secundaria, y media superior o preparatoria, tus intereses cambiarán de manera radical. Lo que disfrutas en quinto de primaria no será lo mismo que te guste tres años después, y eso será distinto a lo que te agrade durante tu último año de preparatoria o bachillerato. Los intereses en deportes, en actividades extracurriculares e, incluso, en materias de la escuela, podrán ser diferentes a los de tus amigos. Eso significa que cambiarán tus grupos de amistades. Eso es normal y, de hecho, puede ser

emocionante conservar los viejos amigos que tienes y pasar el rato con los nuevos.

La comunicación es la clave

Una manera de mantenerte en contacto con el mundo es comunicándote en persona, o por medio de mensajes de texto, por teléfono o por internet. Aunque alguna de tus amistades se mude a otro lugar y ya no vivan tan cerca, nuestro mundo tecnológico hace posible seguir hablando de vez en cuando. Pero si encuentras que estás peleando con tus amistades o que estás teniendo discusiones frecuentes, utiliza la consciencia plena para ver la imagen más general. ¿Se trata de un problema relacionado con una circunstancia específica? Entonces, lo más seguro es que se pueda resolver. ¿O es algo más serio y necesitas ser sincero y abierto con algún amigo? Si necesitas tomar la difícil decisión de cambiar las personas con las que estás pasando el tiempo, la comunicación seguirá siendo de lo más poderosa. Simplemente di que decidiste pasar más tiempo con alguna amistad diferente. Eso demuestra respeto. Demuestra respeto hacia ti mismo si alguien que dice ser tu amigo te quiere presionar a que hagas algo con lo que no estás cómodo. Un amigo verdadero no te obligará a meterte en una situación que comprometa tu integridad, lo que se refiere a las creencias y a la moral que tienes en tu vida.

Si te encuentras perdiendo una amistad que quieres conservar, definitivamente podría ser algo que hiera tus sentimientos. De nuevo, la comunicación es la clave.

Trata de ser directo en tus preguntas acerca de qué está sucediendo y averigua si hay algo que pudiera mejorar las cosas. Siempre puedes acudir a un adulto de confianza para que te brinde ayuda adicional. También es posible, por desgracia, que al final los dos estén mejor si se dejan ir. Dicho eso, la amabilidad siempre gana, bro. Muéstrate respetuoso y amable incluso si la amistad se acaba.

LO QUE NOS DICEN LOS NÚMEROS

Hay momentos en los que encontrar amigos puede ser de lo más natural y sucede sin gran esfuerzo, mientras que hay otras ocasiones en que se necesita que establezcamos relaciones y socialicemos. A continuación, algunos de los recuerdos de amistades de hombres que ya estuvieron en tus zapatos.

«De chico, nos mudábamos a cada rato y me tenía que enfrentar a la tarea de hacer nuevas amistades. Un vínculo común eran los deportes y pasatiempos. Esos intereses me permitieron generar amistades que valoro hasta el día de hoy».
—Kris L.

«Como a los 12 años de edad fue la primera vez que me llevé con personas que estaban fuera del círculo de amistades más cercanas de mi infancia. Me encontré

dentro de diferentes grupos de amistades, todos
con intereses distintos, y fue de lo más genial tener
esa experiencia. Simplemente siendo quien era y
manteniéndome firme en cuanto a lo que me agradaba
hacer, se dieron diversas amistades nuevas».
—**Jeff B.**

«Cuando nos mudamos me convertí en el chico nuevo,
me di cuenta que cualquiera que estuviera dispuesto
a hablar conmigo era un amigo potencial. Eso me
hizo bastante abierto a todo el mundo y me permitió
conocer y llevarme bien con muchas personas distintas;
realmente no tenía un grupo de amistades en especial.
A menudo yo fui el puente entre diferentes tipos de
personas. Eso es de lo más útil y es algo que se queda
contigo ya de adulto».
—**Kapil K.**

Tú tienes el control

La excelente noticia es que tú siempre serás el capitán
de tu travesía, lo que te da el control de tu tripulación.
No, hermano, claro que no puedes controlar a otros
seres humanos. Lo que significa es que siempre puedes
elegir a tus amigos. Basándote en características de
personalidad positivas, tú eres quien controla con
quién quieres llevarte. Piensa en lo que valoras de
una persona con la que te gustaría pasar el tiempo.
Quizá sean cosas como lealtad, sentido del humor,
confianza, honestidad o empatía, que es comprender
los sentimientos de otras personas por haber vivido
experiencias similares. Encontrar tu tripulación podrá

resultar difícil en ocasiones y más sencillo en otras, pero siempre valdrá la pena tener amigos en los que puedas confiar a medida que pasan a través de la adolescencia.

MÁS QUE SOLO AMIGOS

Dependiendo de tu edad, es posible que estés interesado en tener relaciones que vayan más allá de una simple amistad. Es natural sentirte atraído hacia otras personas, en especial hacia finales de la adolescencia. Es posible que algunos chavos no desarrollen una atracción o conexión profunda con alguien más, mientras que otros intenten empezar a salir en citas cuando sientan que es el momento correcto. Aunque muchos de los aspectos de la atracción pueden suceder sin que pienses mucho en ellos, sigue siendo una elección de vida que, al final de cuentas, es únicamente tuya. Tú eres quien tiene la última palabra en cuanto a qué o quién te interesa o no para relacionarte.

Hay diferentes maneras de sentir atracción. Puede desarrollarse como una atracción mental, como una atracción emocional o como una atracción física. Quizá te interesa otra persona porque valoras sus ideas o porque tienen pasatiempos en común. Tal vez pienses que es atractiva o te guste su cara. Posiblemente compartan sentimientos comunes o disfruten conectándose de otras maneras. Te llevará

algún tiempo averiguarlo todo. Es posible que no sepas lo suficiente acerca de una persona hasta que tengas un contacto casi diario con ella por meses. Incluso en ese caso, no hay razón para apresurar las cosas.

Consentimiento

Jamás te sientas presionado a iniciar una relación que no desees. Si ese es el caso, ten el respeto suficiente hacia ti mismo para establecer límites y no dar tu consentimiento. El consentimiento es el permiso que das para que algo suceda. En una relación, el consentimiento se refiere a que las dos personas estén de acuerdo con la misma cosa. El consentimiento es la base para cualquier cosa física o emocional que pueda darse entre tú y otra persona. Por ejemplo, si un amigo te dice que debes ir o salir con una persona específica, no tienes que estar de acuerdo si no es algo que se sienta correcto para ti. Si una persona con la que estás saliendo quiere que se tomen de la mano y se besen, pero tú no te sientes preparado para ello, no tienes que hacerlo. De la misma manera, el consentimiento significa que tú no presionarás a alguien más a que haga nada que no quiera. Jamás des por hecho que puedes tener un contacto físico. Presta atención a lo que la otra persona te está expresando. Si no te da su consentimiento claro y expreso, la respuesta es un rotundo «NO». Tu cuerpo te pertenece a ti, y lo mismo sucede con otras personas: ellas tienen la decisión final de lo que están dispuestas a hacer. Incluso si ya pasó algo antes, en una relación consensual no es obligatorio que vuelva a suceder. El consentimiento significa respeto. La comunicación clara es la parte más importante del mismo.

Puedes encontrar mayor información acerca del consentimiento en la sección de Recursos (página 170).

¿Debería decir algo?

Es posible que tus padres tengan algo que decir en cuanto a tu vida romántica y si te está permitido salir en citas o no. Otra opción es que habrá veces en que tus amigos y los miembros de tu familia bromeen contigo acerca de la gente que te guste o con la que estés saliendo. Es posible que bromeen acerca de tus posibilidades; algo que es, en general, en buena onda. Quizá se vuelva un poco molesto, claro está, pero siempre que sea en broma y no en serio, simplemente déjalo pasar. Quizá, incluso, puedas responder con un poco de sarcasmo («¿Que si me interesan las citas? ¿Las citas de autores famosos? Gracias, pero no gracias»). En cualquier caso, debes estar preparado: la gente empezará a bromear contigo acerca de pedirle a ese alguien especial que salga contigo.

Ser valiente y «arriesgarte» con la persona que te gusta puede terminar súper bien... o puede que te rechace. Se necesita de mucho valor para comunicarle a alguien que te gusta, pero debes saber, de entrada, que es posible que tus sentimientos no sean correspondidos. Una manera de manejarlo es esperar a que la relación se dé de manera natural. Mientras tanto, puedes averiguar más acerca de esa persona y de lo que siente por ti. Pero mantener esto en secreto también puede ser difícil, de modo que es posible que decidas decírselo. Quizá cambie la amistad o quizá no. Es posible que empiecen a salir y que permanezcan juntos o que eso no suceda. Así es como funcionan estas cosas. Cada enamoramiento o atracción es única. Siempre puedes sugerir que simplemente pasen tiempo juntos. Si realmente te gusta la otra persona, eso es lo que querrás de todos modos: pasar más tiempo con ella en actividades que los dos disfruten. Sea o no que le expreses tu interés, si tus sentimientos son honestos y verdaderos, sabrás cuál es la decisión correcta cuando llegue el momento.

TU FAMILIA Y OTROS ESPACIOS SEGUROS

A medida que terminamos nuestra exploración de lo que es la pubertad y de lo que significa *crecer fantástico*, es importante señalar que con todo y que tú tienes el control —eres el capitán de tu propia travesía por la adolescencia— siempre habrá una tripulación que te brinde su apoyo.

En nuestras vidas, hay un equilibrio entre nuestro deseo de privacidad y de mostrarnos en público. Sea durante la adolescencia o durante la adultez, las personas suelen ir y venir entre su tiempo social y su tiempo a solas. Te conviene saber qué es sano y adecuado con ambas cosas.

Los chavos que están pasando por la pubertad merecen tener privacidad, como ya lo mencionamos, pero también merecen saber que no están solos. Si lo necesitan, hay personas que se interesan por ellos y que pueden ayudarlos. Además de tus amigos, hay otro grupo de apoyo que debemos mencionar: tu familia y otros adultos confiables.

Esto es lo que puedes hacer para mantener ese equilibrio entre tu privacidad y tus relaciones públicas, especialmente durante esta época de transición.

ENCUENTRA A ALGUIEN QUE TE ESCUCHE

Cada chavo necesita saber a quién acudir cuando necesite algo de sabiduría en un entorno seguro. Los libros, el internet y otros recursos pueden ser herramientas útiles para obtener más información. Pero no dejan de ser solo eso, herramientas. La mayoría de las veces, para obtener el mejor apoyo o la información más precisa a lo largo de la pubertad, necesitarás a una persona real. ¿Y quién es la mejor persona para esto?

Alguien que ya pasó por todo esto. Es por eso que tu mejor recurso no será un compañero de clases, ni un amigo de tu misma edad. Puedes confiar en tus amigos cuando se trata de sentimientos compartidos o de los cambios por los que quizás estés atravesando durante tu pubertad. Pero, en caso de que tengas preguntas o inquietudes más grandes, tu mejor opción será acudir con un miembro mayor de tu familia o con algún otro adulto en el que confíes.

¿Quién puede ser ese adulto confiable en tu vida? Eso es algo que tú debes decidir. Puede ser alguno de tus padres, un familiar, un amigo de la familia, un maestro, un entrenador, un médico o enfermero de la escuela; quizá incluso conozcas a más de una persona con quien puedas platicar. Aquí, el ingrediente más importante es que sean confiables. Debe ser alguien que te conozca y a quien tú conozcas durante el tiempo suficiente para tener una relación en la que te sientas cómodo pidiendo su ayuda. Quizá se trate de una pregunta breve o de una conversación más personal. Tal vez te resulte relativamente fácil hacerlo o podría resultarte algo vergonzoso hablar de tus cosas. De todos modos, esta persona puede ayudarte y lo hará. Ten en cuenta que esta no es una persona que solo guardará tus secretos. Tiene que ser alguien que te diga lo que necesitas saber o que pueda ayudarte con los recursos que necesitas.

No pienses las cosas demasiado; la comunicación de tu parte solo necesita ser sencilla. De entrada,

¡simplemente pregunta! Lo más seguro es que lo que estés buscando sea una conversación en privado, de modo que di algo como: «Oye, ¿puedo hacerte algunas preguntas en privado cuando tengas uno momento?». Al utilizar las palabras «en privado», este adulto en tu vida sabrá que se trata de algo personal y probablemente pueda platicar contigo en ese momento. Si no lo puede hacer, por lo menos te indicará un mejor sitio en el cual platicar. Los adultos comprenden el estrés potencial de la pubertad, de modo que no te preocupes si te sientes algo torpe. Sé directo en tus preguntas o necesidades y no olvides ser tú mismo. Al final de cuentas, bro, los adultos son tan solo chavos que crecieron.

TU DERECHO A LA PRIVACIDAD

Digamos algo extrañamente confuso acerca de los miembros de tu familia. Pueden ser las personas más molestas del planeta, pero, cuando las cosas se ponen difíciles, son las mismas personas por las que harías cualquier cosa. Y ellos también harían lo que fuera por ti. Si eres franco contigo mismo, sabes que eso es cierto. Dependiendo de las circunstancias, o eres sangre de su sangre o te has convertido en su sangre. Recuerda que es cuestión de equilibrio. No tiene nada de malo que conserves tu privacidad, pero no alejes a las personas que más quieres de tu vida.

A lo largo del libro, se han repetido algunos temas. El conocimiento es poder. *Crecer fantástico* es respetarte a ti mismo. Y, en capítulos recientes, la comunicación es la clave. De nuevo, mantén abiertas las vías de comunicación con los miembros de tu familia para que sepan que valoras tu tiempo a solas. A lo largo de la pubertad, las oleadas de hormonas ocasionarán cambios físicos y emocionales, y es posible que quieras tener más tiempo a solas sin que nadie te acompañe. Un buen libro, una película, tu canción favorita o incluso soñar despierto podrían parecerte la mejor manera de relajarte. Tienes todo el derecho de pasar cierto tiempo a solas. Pero aclárales a tus padres y otros miembros de tu familia qué es lo que está pasando y, todavía más importante, que estarás de vuelta después de un rato. Es posible que todo lo que necesites sea un breve descanso de veinte o treinta minutos. Sé amable en la forma en que les expliques esto a los demás miembros de tu hogar. Es parte de lo que te hace el joven hombre que eres, pero también es más probable que de esa manera respeten tus momentos de privacidad.

Otro elemento más de la privacidad es lo que ya discutimos en un capítulo anterior: el consentimiento. Solo para que lo recuerdes, el consentimiento significa estar de acuerdo con que algo suceda. La vida consensual es otra excelente manera de ejercer el respeto. En este caso, el consentimiento también significa autorrespeto. Tú estás a cargo de tu propio cuerpo. Tú decides si alguien puede tocarlo y el momento en que eso puede suceder. De nuevo, mostrarte educado con los miembros de tu familia es la mejor política. Los abrazos y besos de tus familiares son algo que suele ocurrir, pero el contacto consensual en cualquier relación siempre es decisión tuya. Si no te sientes cómodo con algo, la honestidad y la amabilidad van de la mano. Es perfectamente aceptable que digas algo como: «Perdón, pero en este momento me sentiría más cómodo si nos abrazáramos de lado». O quizá preferirías decir: «En este momento los abrazos no me hacen sentir muy cómodo. Choquemos los puños, ¿está bien? Gracias». Si alguien se pasa de la raya de cualquier forma que te haga sentir incómodo, busca a tu adulto de confianza de inmediato y cuéntale. No debes guardar secretos porque no es justo y, en este caso, arriesgas tu seguridad.

Para mayor información al respecto, échale un vistazo a la sección de Recursos (página 170) al final de este libro.

ESTRATEGIAS PARA LOS VESTIDORES

Es posible que un día te encuentres en un vestidor público y que necesites cambiarte de ropa sin que haya privacidad. Puede pasar en alguna alberca, en un evento de campismo o de deportes, o en alguna clase de educación física de tu escuela.

Si eso sucede, de todos modos puedes crear tu propio ambiente de privacidad y lidiar con cualquier nerviosismo relacionado con cambiarte en público.

Antes que nada, no entres en pánico. Si hay algo que te apene, ten en cuenta que, en realidad, nadie te estará viendo. Quizá sientas que estás en exhibición, pero la verdad es que todo el mundo estará en su propia onda. Además, existe un método fácil y rápido para cambiarte. Pon tu ropa o tu traje de baño a la mano. Déjate puesta la camisa mientras te cambias de *shorts* o de pantalones para que tengas un poco de cobertura allá abajo. Inclínate un poco hacia adelante o, incluso, dales la espalda a los demás si lo prefieres. Por último, cámbiate de la parte de arriba de la cintura, de nuevo con tu ropa lista y a la mano.

Si necesitas bañarte en un lugar donde no hay privacidad, ten tu toalla lista para entrar y salir rápido. Aquí, voltearte de espalda sirve un poco, como también cubrirte con las manos, en caso necesario. Mantén la mirada abajo si eso te hace sentir mejor. No llames mucho la atención hacia ti mismo con mucha plática, pero, por lo demás, actúa de manera natural. Báñate, cámbiate y listo.

LA PRESIÓN POR PARTE DE TUS COMPAÑEROS

¿Recuerdas el triángulo de la salud del capítulo 6 (página 130)? La salud social era una de esas partes esenciales. Manejar tu bienestar social mantendrá tus emociones bajo control, algo que también evitará que el estrés afecte tu salud física.

De la misma manera en que los chavos se desarrollan a diferente ritmo en lo que se refiere a los cambios físicos de la pubertad, también se desarrollan a ritmo diferente en lo relacionado con el aspecto social. En términos de tu vida social, es posible que presentes intereses nuevos durante la adolescencia, pero quizá no suceda así. Los deportes, la música y otros pasatiempos podrían seguir siendo prioridades en tu vida, pero también existe la posibilidad de que cambien un poco. Es bastante posible que notes que la atención de tus compañeros también varía. Aunque no te des cuenta, este cambio en los demás puede provocar un cambio en tu interior. A veces, la presión por pertenecer al grupo de los que son más *cool* o geniales supera el sentido común.

Habrás oído la frase «Todo el mundo lo está haciendo». El problema con esa frase es que se basa en la percepción. En lugar de que sea una realidad, es posible que tú *percibas* que «todo el mundo lo está haciendo». Es diferente. ¿La mala noticia? Que la percepción se convierte en realidad.

Simplemente pensar que tú eres el único que no está involucrado, incluso si no es un hecho real, hará que tu comportamiento cambie. Si tú crees que todo el mundo se está quedando despierto hasta tarde para participar en algún juego en línea, si crees que todo el mundo está fumando o bebiendo alcohol, o si crees que todo el mundo está teniendo relaciones sexuales, esas percepciones bien podrían cambiar las decisiones que tomes. El temor a perderse de algo puede impulsar a los adolescentes a tomar riesgos innecesarios. En lugar de confiar en cualquier tipo de percepción engañosa, enfócate en la realidad: la mayoría de chavos y adolescentes *no* está bebiendo alcohol, *no* está consumiendo tabaco y *no* participa en relaciones sexuales en línea, ni en citas. Así que la realidad es que no, no todo el mundo lo está haciendo.

La excelente noticia es que tú ya cuentas con las habilidades para enfrentarte a la presión de tus compañeros. Si sugieres una actividad diferente, si cambias de tema o, simplemente, si dices que no, estás aumentando tu repertorio. Estás *creciendo fantástico.* Y también date cuenta de esto: cualquiera que te presione a hacer algo con lo que no te sientes cómodo no es un amigo verdadero. Los amigos reales respetan tus decisiones, aunque sean diferentes a las suyas, y te dan su apoyo. Tus amigos verdaderos son aquellos a los que les importas.

Puedes ayudarte a ti mismo si concentras tu consciencia plena en tu entorno: el sitio y las personas con las que estás pasando el rato. Con el paso del tiempo, aprenderás las situaciones que debes evitar. A veces, es algo de lo que solo te das cuenta en el momento. A medida que crezcas y cambies con la pubertad, es posible que notes que te ofrecen una mayor libertad en cuanto a qué hacer en tu tiempo libre. También es posible que notes que las expectativas que los demás tienen de ti empiezan a cambiar. Dependiendo de cómo crezcas, es posible que otras personas esperen más de un chavo que parece mayor de lo que realmente es. Incluso es posible que alguien te confronte en una situación de *bullying* o acoso escolar.

Con toda esa presión acumulada, podrías sentirte abrumado. En ese momento, puedes mantenerte seguro si primero neutralizas la situación y después te retiras de la escena por completo. Si es necesario, inventa una excusa. Por más gracioso que te parezca, echarles la culpa a tus padres puede ser de gran ayuda. Puedes decir: «Ya tengo que regresar a casa para que no me dejen castigado sin salir por un mes». O, si te ofrecen algo poco seguro y no tienes manera de irte en ese momento, di: «No, gracias; de todos modos, ya tengo que irme a casa». Si es una situación de intimidación o de acoso escolar, puedes evitar una pelea verbal o física si eres directo. «Mira, no quiero tener una pelea. Mejor simplemente me voy». Lo más probable es que tengas que tolerar que te digan algunos insultos. No es fácil escuchar insultos. Simplemente mantente sereno y concéntrate en encontrar una estrategia para salir de ahí lo más rápido posible. Siempre es buena idea tener a un adulto confiable al que puedas llamar por teléfono o mandarle un mensaje. Si lo piensas, los dos pueden idear maneras de mantenerte a salvo y evitar complicaciones adicionales.

CÓMO MANTENERTE A SALVO (Y CUERDO) EN LAS REDES SOCIALES

¿Sabes qué es de lo más impactante? El mundo del internet. ¿Y sabes qué es de lo más aterrador? También el mundo del internet. Así es, la red informática mundial y todas las diversas opciones de redes sociales pueden ser de lo más benéficas y de lo más dañinas. Como algunas otras cosas en esta vida, todo depende de cómo las uses.

Ya dijimos que un equilibrio sano te ayudará a lo largo de la pubertad y eso incluye la nutrición, el ejercicio y el sueño. En ese conjunto, también deberíamos añadir las pantallas. Para mantener un adecuado bienestar físico, mental y social en tu adolescencia y ya entrada tu adultez, es importante que consideres tus hábitos de pantalla. La tecnología como las televisiones, el internet y los videojuegos deben limitarse a una o dos horas al día. La parte de redes sociales en esta ecuación es un poco más difícil, ya que las presiones sociales podrían hacerte sentir que es una necesidad para cualquier chavo en sus años de adolescencia. Añade la hábil publicidad de las empresas de renombre y eso te dará la receta perfecta para el tipo de tentación a la que no podría resistirse ningún cerebro en desarrollo.

En primer lugar, no tiene nada de malo que no uses las redes sociales. Exactamente igual que en la sección anterior sobre la presión de tus compañeros, no es más que tu percepción la que te hace pensar que todo el mundo las está usando. La comunicación cara a cara, en persona, es la que está ya programada en los seres humanos: no solo es natural, sino que es esencial para nuestro desarrollo social. Piensa en las redes sociales de internet como una extensión de eso. Si se utilizan de manera correcta y apropiada, pueden ser una manera divertida para mantenernos en contacto con nuestros amigos. También pueden ampliar tu perspectiva del mundo, dado que, en potencia, nos podemos conectar con personas de intereses parecidos en todas partes del mundo. En definitiva, eso es de lo más genial.

El efecto negativo de las redes sociales puede dejar a los chavos sintiéndose *menos* sociales, aunque no lo creas. Sentirse excluido es una de las desventajas en el mundo de las redes sociales. Las publicaciones y comentarios pueden provocar que los chavos sientan que se están perdiendo de algo. Pero la realidad es que las imágenes y videos que la gente publica en línea no siempre son lo que parecen ser. Piensa en los medios

como en una especie de película mejorada de la vida, donde se publican los momentos fantásticos y las actividades divertidas, y donde se dejan fuera todas las cosas aburridas y cotidianas. Además, gracias a los filtros fotográficos, lo que estás viendo quizá ni siquiera es realmente así.

Siempre y cuando decidas participar en cualquier tipo de red social, hay varias cosas a considerar. Lo que digas o hagas en internet es para siempre. Podrá parecer que los textos o fotos que elimines desaparecen de inmediato o que el modo de navegación privada puede ocultar tu información personal, pero la verdad es que todo eso sigue en algún lugar del internet. No solo es posible tomar una captura de pantalla de casi cualquier cosa con un simple clic, sino que tu celular y tu computadora tienen una «dirección» invisible en internet que puede llevar a cualquier persona directamente hasta ti. Y esto no es para asustarte. Es para que sepas la verdad. Recuérdalo, el conocimiento es poder, hermano.

Y un comentario final acerca de la seguridad en internet es un buen recordatorio, sea que estés en tu vida real o en línea: ¿cómo quieres que el mundo te vea? Piensa en quién quieres ser, y entonces, ¡sé esa persona! Podrías arrepentirte de mandar fotos «sexis» y, en definitiva, no es algo que sea seguro de hacer, en especial si te estás comunicando con gente a la que no conoces. Y mandar fotos o textos sexuales, lo que se conoce como *sextear*, también puede llevar a consecuencias de lo más aterradoras de las que sin duda querrás mantenerte alejado. No solo pueden ser inapropiadas o vergonzosas, sino que también pueden ser ilegales. Mantente seguro y cuerdo, mostrándote en pantalla de la misma manera en que lo harías en cualquier otra situación. Recuerda que la persona que eres en línea no está separada de quien eres en persona. La vida real incluye el internet y las redes sociales, y te serán de utilidad si las tratas con respeto. De todos modos, puedes mostrar tu verdadera personalidad; simplemente sé genuino. Sé el tipo de hombre joven, amable y respetuoso que ya eres.

DATOS DELIRANTES

¿Sabías que se considera ampliamente que el triángulo es la forma geométrica más fuerte? Es muy difícil distorsionar la forma normal de los triángulos por la capacidad que tienen para distribuir la fuerza de manera equilibrada a todos sus lados. De manera similar, nuestra salud física, nuestra salud mental y nuestra salud social tienen la misma importancia. Pero también dependen la una de la otra. Ese triángulo de la vida que llevas construyendo desde tu infancia, te ayudará a mantenerte fuerte y sano a lo largo de tu adolescencia. Y conservar un equilibrio fantástico a lo largo de tu travesía por la adolescencia, te preparará para tener éxito en tu adultez.

CONCLUSIÓN

Pues bien, amigo, nuestro tiempo juntos llegó a su fin. Tu travesía por el océano de la adolescencia ya inició y esta, tu guía de navegación, siempre estará a la mano. El tiempo es como el viento a tus espaldas, empujándote en la dirección correcta. Estás equipado con las velas de la genética y con el timón que te ofrecerán tus decisiones sanas. Esto va a suceder, por cierto, sea que llueva o haya sol, en aguas calmas o en una tormenta. Mantendrás tu vida a flote a través de todo tu crecimiento y tus cambios, y saldrás adelante como un hombre diferente.

Ten en cuenta que toda el agua del océano no puede hundir un barco a menos que entre en el mismo. De la misma manera, cualquier cosa negativa con la que te topes en tu vida jamás logrará derrotarte a menos que permitas que entre en ti. ¿Recuerdas todos los cambios y desafíos de los que platicamos en estos capítulos? Serán las razones por las que *crecerás fantástico*. A pesar del bombardeo de las aguas de la pubertad, permanecerás a flote porque estás hecho para lograrlo. El lugar más seguro para una embarcación podrá ser el muelle, pero no es el sitio en el que debe permanecer.

Prométame esto, Capitán: que jamás permitirá que ningún aspecto negativo se meta en su cabeza. Que se mantendrá erguido y orgulloso a través de cualquier tormenta. Y que seguirá siendo una persona que se respeta a sí misma y que está más que lista para pasar esta energía positiva al siguiente capitán en turno.

¿De acuerdo, bro?

GLOSARIO

Acné: poros inflamados que provocan granos en la piel.

Adolescencia: el periodo entre el inicio de la pubertad y la adultez.

Ambiente o entorno: suma total de todo lo que rodea a una persona.

Autoexploración: exploración del propio cuerpo, en especial como revisión de cambios.

Caloría: unidad de energía de los alimentos.

Cambios en el estado de ánimo: altibajos emocionales comunes durante la pubertad.

Circuncisión: la eliminación quirúrgica del prepucio que rodea al glande.

Consentimiento: el permiso para que algo suceda.

Criar/crianza: proporcionar bienestar físico, mental y social a un niño.

Erección: estado de agrandamiento del pene en el que se endurece y levanta hacia arriba y lejos del cuerpo porque se llena de sangre.

Erosión cutánea: irritación dolorosa en la que el vello corporal queda por debajo de la primera capa de piel y genera granos o vellos encarnados.

Escoliosis: padecimiento médico común en el que la columna de una persona tiene una curvatura lateral.

Escroto: bolsa de piel que contiene los testículos.

Espermatozoides: las células microscópicas que contienen el ADN de los hombres.

Estirón: periodo de crecimiento acelerado causado por los cambios hormonales que suceden durante la pubertad.

Eyaculación: pulsos de contracciones en los que se libera el semen, el líquido que contiene a los espermatozoides. Coincide con una sensación placentera que también se conoce como orgasmo.

Genes: características que se heredan de los padres biológicos.

Genitales: los órganos reproductores externos de los hombres.

Ginecomastia: sensibilidad e inflamación potencial de los pezones que se debe a cambios hormonales que suceden durante la pubertad.

Glándula hipófisis: está localizada dentro del cerebro; es la parte principal del sistema endócrino que incita la liberación de las hormonas que favorecen el crecimiento.

Herencia: la transmisión de rasgos de padres a hijos.

Hormonas: mensajeros químicos que promueven los cambios corporales, es decir, el crecimiento y la madurez durante la pubertad.

Insomnio: diagnóstico clínico de las dificultades para dormirse por las noches.

Manzana o nuez de Adán: la laringe, junto con una pared de cartílago, localizada en medio de la garganta.

Melanina: el pigmento que nos da el color de la piel.

Pene: el órgano principal de los genitales masculinos.

Prepucio: capa externa de piel sobre el cuerpo del pene y que cubre la punta (glande) del mismo.

Presión por parte de los compañeros: la influencia que tienen los miembros de un grupo de edad semejante.

Privación de sueño: perder sueño o no dormir lo suficiente.

Pubertad: periodo de crecimiento físico en el que el cuerpo madura sexualmente y se vuelve capaz de reproducirse.

Reproducción: proceso mediante el cual los organismos vivos generan crías o más miembros de su misma especie.

Salud física: bienestar relacionado con el cuerpo, incluyendo alimentos, ejercicio, sueño, techo y seguridad.

Salud mental: el bienestar relacionado con nuestra mente; incluye las emociones, la inteligencia y las lecciones de vida.

Salud social: el bienestar que se relaciona con la comunicación interpersonal, incluyendo a la familia, amigos y grupos más grandes de la sociedad.

Semen: líquido que contiene a los espermatozoides.

Sexo: contacto cercano e íntimo entre dos personas mientras se encuentran desnudas.

Sextear: enviar fotografías o textos de contenido sexual a otra persona.

Sueños húmedos (eyaculaciones nocturnas): liberación de semen, el líquido que contiene espermatozoides, en un proceso nocturno, durante el sueño.

Testículos: los dos órganos ovalados que producen espermatozoides y que se encuentran dentro del escroto, detrás del pene.

Testosterona: hormona que se produce principalmente en los testículos y que es responsable de las características sexuales masculinas y del crecimiento.

RECURSOS

Capítulo 1: Estos tiempos de cambio

«All About Puberty» (Todo acerca de la pubertad). KidsHealth. Nemours Foundation. Octubre 2015. KidsHealth. org/en/kids/puberty.html

«Top Signs Boys Are in Puberty» (Principales señales que indican que los chicos están en la pubertad). Amaze. Marzo 2019. Amaze.org/video/top-signs-boys-are-in-puberty/

Capítulo 2: Los cambios que afectan tu cuerpo

«Body Mass Index (BMI)» (Índice de masa corporal [IMC]). KidsHealth. Nemours Foundation. Septiembre 2015. KidsHealth.org/en/kids/bmi.html

«Why Do I Get Acne?» (¿Por qué tengo acné?). TeensHealth. Nemours Foundation. Junio 2014. KidsHealth.org/en/teens/ acne.html

Capítulo 3: Verte y oírte mayor

«Gynecomastia» (Ginecomastia). TeensHealth. Nemours Foundation. Octubre 2016. KidsHealth.org/en/teens/ boybrst.html

Natterson, Cara. *Guy Stuff: The Body Book for Boys.* (Cosas de hombres: el libro del cuerpo para muchachos). Middleton, WI: American Girl Publishing, 2017.

Capítulo 4: Por debajo del cinturón

Advocates For Youth. (Defensores de la juventud). Amaze. Marzo 2019. Amaze.org/jr

Madaras, Lynda. *The «What's Happening to My Body» Book For Boys* (El libro de «¿Qué le está pasando a mi cuerpo?» para chicos). Nueva York, NY: New Market Press, 2007.

Male Reproductive System» (Sistema reproductor masculino). TeensHealth. Nemours Foundation. Septiembre 2016. KidsHealth.org/en/teens/male-repro.html

Sex, Etc. Answer. (Sexo, etc. Respuesta). Marzo 2019. SexEtc.org

Stay Teen. Power to Decide. (Mantente adolescente. El poder de decidir). Marzo 2019. StayTeen.org

Capítulo 5: Cómo alimentar y llenar de energía tu cuerpo

Cronometer: Track Your Nutrition, Fitness, & Health Data. (Cronómetro: Rastrea los datos de tu nutrición, condición física y salud). Cronometer. Marzo 2019. Cronometer.com

«How Much Sleep Do We Really Need?» (¿Cuánto sueño necesitamos en realidad?). National Sleep Foundation. Marzo 2019. SleepFoundation.org/excessive-sleepiness/support/how-much-sleep-do-we-really-need

«What is My Plate?» (¿Qué es MiPlato?) ChooseMyPlate. Marzo 2019. ChooseMyPlate.gov/WhatIsMyPlate

«Your Heart & Circulatory System» (Tu corazón y sistema circulatorio). KidsHealth. Nemours Foundation. Mayo 2018. KidsHealth.org/en/kids/heart.html

Capítulo 6: Sentimientos y amistades

«Sexual Attraction and Orientation» (Atracción y orientación sexual). TeensHealth. Nemours Foundation. Octubre 2015. KidsHealth.org/en/teens/sexual-orientation.html

«What Consent Looks Like» (Cómo se ve el consentimiento). RAINN. RAINN.org/articles/what-is-consent

«What Is Consent?» (¿Qué es el consentimiento?). Love Is Respect. Marzo 2019. LoveIsRespect.org/healthy-relationships/what-consent

Capítulo 7: Tu familia y otros espacios seguros

Advocates for Youth (Defensores de la juventud). Amaze. Marzo 2019. Amaze.org/jr

«Internet Safety Tips For Kids». (Consejos de seguridad en internet para chicos). Safe Search Kids. Marzo 2019. SafeSearchKids.com/internet-safety-tips-for-kids

«Puberty» (Pubertad). Young Men's Health. Julio 2017. YoungMensHealthSite.org/guides/puberty

Stay Teen. Power To Decide (Mantente adolescente. El poder de decidir). Marzo 2019. StayTeen.org

«Why Am I In Such a Bad Mood?» (¿Por qué estoy de tan mal humor?). TeensHealth. Nemours Foundation. Agosto 2015. KidsHealth.org/en/teens/bad-mood.html

REFERENCIAS

Capítulo 1: Estos tiempos de cambio

«All About Puberty» (Todo sobre la pubertad). *KidsHealth*. Nemours Foundation. Octubre 2015. KidsHealth.org/en/kids/puberty.html

Bailey, Jacqui, and Jan McCafferty. *Sex, Puberty, and All that Stuff* (Sexo, pubertad y todas esas cosas). Hauppauge, NY: Barrons Educational Series, 2004.

«Boys and Puberty» (Chicos y pubertad). *KidsHealth*. Nemours Foundation. Septiembre 2014. https://kidshealth.org/en/kids/boys-puberty.html

«The Changing Face of America's Adolescents» (El rostro cambiante de los adolescentes estadounidenses). *U.S. Department of Health & Human Services*. Febrero 2019. https://www.hhs.gov/ash/oah/facts-and-stats/changing-face-of-americas-adolescents/index.html

«Coming of Age: Adolescent Health» (El camino hacia la madurez: salud adolescente). *World Health Organization*. Febrero 2019. https://www.who.int/health-topics/adolescents/coming-of-age-adolescent-health

Madaras, Lynda. *The «What's Happening to My Body?» Book for Boys* (El libro de «¿Qué le está pasando a mi cuerpo?» para chicos). Nueva York, NY: Newmarket Press, 2007.

McCave, Marta. *Puberty's Wild Ride* (El salvaje recorrido de la pubertad). Philadelphia, PA: Family Planning Council, 2004.

«Puberty» (Pubertad). *Encyclopedia of Children's Health.*
http://www.healthofchildren.com/P/Puberty.html

«Puberty» (Pubertad). *Young Men's Health.* Julio 2017.
YoungMensHealthSite.org/guides/puberty

«What is Puberty?» (¿Qué es la pubertad?). *WebMD.*
WebMD, LLC. Octubre 2017. https://teens.webmd.com/boys/
qa/what-is-puberty

Capítulo 2: Los cambios que afectan tu cuerpo

«Modern Human Diversity—Skin Color» (Diversidad humana
moderna – el color de la piel). *Smithsonian National Museum
of Natural History.* Marzo 2019. http://humanorigins.
si.edu/evidence/genetics/human-skin-color-variation/
modern-human-diversity-skin-color

«Shortest Man Ever» (El hombre más bajo de la historia).
Guinness Book of World Records. Marzo 2019.
http://www.guinnessworldrecords.com/world-records/67521
-shortest-man-ever

«Skin Conditions by the Numbers» (Guía básica de afecciones
de la piel). *American Academy of Dermatology Association.*
Marzo 2019. https://www.aad.org/media/stats/conditions/
skin-conditions-by-the-numbers

«Tallest Man Ever» (El hombre más alto de la historia).
Guinness Book of World Records. Marzo 2019.
http://www.guinnessworldrecords.com/world-records/
tallest-man-ever

«Why Do I Get Acne?» (¿Por qué tengo acné?). *TeensHealth*. Nemours Foundation. Junio 2014. KidsHealth.org/en/teens/acne.html

Capítulo 3: Verte y oírte mayor
Geggel, Laura. «Why Do Men Have Nipples?» (¿Por qué los hombres tienen pezones?). *Live Science*. Junio 2017. https://www.livescience.com/32467-why-do-men-have-nipples.html

«Gynecomastia». (Ginecomastia). *TeensHealth*. Nemours Foundation. Octubre 2016. KidsHealth.org/en/teens/boybrst.html

«What's an Adam's Apple?» (¿Qué es la manzana o nuez de Adán?). *KidsHealth*. Nemours Foundation. Junio 2016. https://kidshealth.org/en/kids/adams-apple.html

«Why Is My Voice Changing?» (¿Por qué está cambiando mi voz?). *TeensHealth*. Nemours Foundation. Junio 2015. https://kidshealth.org/en/teens/voice-changing.html

Capítulo 4: Por debajo del cinturón
"«Male Reproductive System» (Sistema reproductor masculino). *TeensHealth*. Nemours Foundation. Septiembre 2016. KidsHealth.org/en/teens/male-repro.html

«Physical Development in Boys: What to Expect». (Desarrollo físico en muchachos: qué esperar). *American Academy of Pediatrics*. Mayo 2015. https://www.healthychildren.org/English/ages-stages/gradeschool/puberty/Pages/Physical-Development-Boys-What-to-Expect.aspx

«Testicular Exams». (Exploraciones testiculares). *TeensHealth*. Nemours Foundation. Septiembre 2016. https://kidshealth.org/en/teens/testicles.html

«What Are Wet Dreams?» (¿Qué son los sueños húmedos?). *TeensHealth*. Nemours Foundation. Septiembre 2016. https://kidshealth.org/en/teens/expert-wet-dreams.html

Capítulo 5: Cómo alimentar y llenar de energía tu cuerpo
Butler, Natalie. «6 Essential Nutrients and Why Your Body Needs Them». (Seis nutrientes esenciales y las razones por las que tu cuerpo los necesita). *Healthline*. Abril 2018. https://www.healthline.com/health/food-nutrition/six-essential-nutrients

Comprehensive Implementation Plan on Maternal, Infant and Young Child Nutrition. (Plan comprensivo de implementación de nutrición para madres, lactantes y niños pequeños). Ginebra: World Health Organization, 2014.

Global Action Plan for the Prevention and Control of NCDs 2013–2020 (Plan global de acción para la prevención y control de las ENT 2013-2020). Ginebra: World Health Organization, 2013.

Guideline: Sugars Intake for Adults and Children (Pautas: ingesta de azúcares para adultos y niños). Ginebra: World Health Organization, 2015.

Hartwig, Melissa; Hartwig, Dallas. *The Whole30: The 30-Day Guide to Total Health and Food Freedom* (La 30Total: guía de

30 días a una salud total y a la libertad alimentaria). Boston, MA: Houghton Mifflin Harcourt, 2015.

«Healthy Diet» (Dieta saludable). *World Health Organization*. Octubre 2018. https://www.who.int/en/news-room/fact-sheets/detail/healthy-diet

Honeycutt, Emily. «Eating the Rainbow: Why Eating a Variety of Fruits and Vegetables Is Important for Optimal Health» (Comamos arcoíris: por qué comer una variedad de frutas y verduras es importante para una salud óptima). *Food Revolution Network*. Diciembre 2017. https://foodrevolution.org/blog/eating-the-rainbow-health-benefits

«How Much Sleep Do We Really Need?» (¿Cuánto sueño necesitamos en realidad?). *National Sleep Foundation*. Marzo 2019. SleepFoundation.org/excessive-sleepiness/support/how-much-sleep-do-we-really-need

«Nutrients» (Nutrientes). *World Health Organization*. Marzo 2019. https://www.who.int/elena/nutrient/en

Walker, Matthew. *Why We Sleep*. (Por qué dormimos). Nueva York, NY: Simon & Schuster, Inc., 2017.

«What is My Plate?» (¿Qué es MiPlato?) *ChooseMyPlate*. Marzo 2019. ChooseMyPlate.gov/WhatIsMyPlate

Capítulo 6: Sentimientos y amistades

Ackerman, Courtney. «Essential Positive Coping Skills» (Habilidades esenciales de afrontamiento). *Positive Psychology*. Febrero 2019. https:/positivepsychologyprogram.com/coping-skills

Cherry, Kendra. «Color Psychology: Does It Affect How You Feel?» (La psicología del color: ¿afecta la manera en que nos sentimos?). *Very Well Mind*. Marzo 2019. https://www.verywellmind.com/color-psychology-2795824

Rough, Bonnie J. *Beyond Birds & Bees* (Más allá de explicaciones de aves y abejas). Nueva York, NY: Seal Press, 2018.

«Sexual Attraction and Orientation» (Atracción y orientación sexual). *TeensHealth*. Nemours Foundation. Octubre 2015. KidsHealth.org/en/teens/sexual -orientation.html

Siegel, Dan. «The Healthy Mind Platter». (El plato saludable para la mente). *The Healthy Mind Platter*. 2011. https://www.drdansiegel.com/resources/healthy_mind_ platter/

«What Consent Looks Like» (Cómo se ve el consentimiento). *RAINN*. RAINN.org/articles/what-is-consent

«What Is Consent?» (¿Qué es el consentimiento?). *Love Is Respect*. Marzo 2019. LoveIsRespect.org/healthy -relationships/what-consent

Capítulo 7: Tu familia y otros espacios seguros

«Adolescent Mental Health» (Salud mental adolescente). *World Health Organization*. Septiembre 2018. https://www.who.int/news-room/fact-sheets/detail/ adolescent-mental-health

«Child and Adolescent Mental Health» (Salud mental infantil y adolescente). *National Institutes of Health*. Abril 2017. https://www.nimh.nih.gov/health/topics/child-and-adolescent-mental-health/index.shtml

«Why Am I In Such a Bad Mood?» (¿Por qué estoy de tan mal humor?). *TeensHealth*. Nemours Foundation. Agosto 2015. KidsHealth.org/en/teens/bad-mood.html

ÍNDICE ANALÍTICO

AGRADECIMIENTOS

Jamás esperé que tuviera que hacerle frente a otro paso por la adolescencia a lo largo de mi vida, pero la pubertad logró encontrarme una vez más. En esta ocasión, me sentí un poco más preparado, tanto por un buen sentido del humor, como por una sensación de respeto. Crecer es, a menudo, algo por lo que tratamos de apresurarnos... Hasta que, por supuesto, terminamos de crecer y deseamos que pudiéramos hacerlo todo de nuevo. Esta es mi oportunidad para hacerlo. Espero que ayude a los jóvenes y a sus familias a iniciar conversaciones importantes acerca del tema más fantástico del mundo: la vida.

Esto no habría sucedido sin que otros compañeros educadores ayudaran presionando a favor de amplios programas de salud y de recursos accesibles y apropiados para niños y adolescentes. Mil gracias a todos los hombres que me proporcionaron citas para estos capítulos y a todas las organizaciones a las que hago referencia por su liderazgo en la educación de la salud.

Gracias a mi esposa Sarah por su incansable apoyo; a mi familia por guiarme hacia la educación; a mis hijos por dejarme ver el mundo a través de una nueva perspectiva; y a mis estudiantes por enseñarme cómo mantenerme joven. Por última, te agradezco a ti, lector, por confiar en estas palabras mientras te conviertes en esa persona que transmitirá sus conocimientos y experiencias al futuro. Sin importar la edad que tengamos, espero que todos continuemos la travesía hasta *crecer fantásticos*.

ACERCA DEL AUTOR

Scott Todnem ha sido maestro de Educación de la Salud a nivel medio desde 2001. En 2019, se le nombró Educador de la Salud Nacional del Año. Es un conferencista reconocido a nivel nacional en Estados Unidos que habla sobre los beneficios de los buenos programas en educación de la salud. Ha trabajado como coordinador de formación de equipos para estudiantes y personal académico, y se ha desempeñado como coordinador de campamentos de verano para jóvenes. También ha formado parte de comités inclusivos para la diversidad cultural y de género, y utiliza diversas plataformas para despertar la consciencia del público en cuanto a salud y prevención del suicidio.

Scott creció en diferentes lugares de Estados Unidos y en el extranjero, donde hizo amistades con personas de distintas profesiones y condiciones sociales. Tiene una lista variada de intereses y pasatiempos, y se enamora de todo, desde deportes y cómics, poesía y punk rock. Scott es un poco alto, un tanto sensible y algo torpe.

En la actualidad, vive en Illinois con su esposa y cuatro hijos, donde disfruta leer, coleccionar discos y hacer los mejores/peores chistes que se le puedan ocurrir.

Otras de sus obras y contenidos pueden encontrarse en su sitio web en inglés, LifeIsTheFuture.com. También se le puede encontrar en redes sociales como @MrTodnem o como @ScottAmpersand.